크리스챤의 우선 순위

균형있는 삶을 위한 우선 순위의 새관점

그랜트 하워드 씀 · 김 윤희 옮김

筍 출판사

BALANCING LIFE'S DEMANDS

by Howard J. Grant
Published by Multnomah Press, Inc.

Copyright 1983 by Multnomah Press, Inc.
All rights reserved.

Translated by Yoon-Hee Kim
1990/Korean by Soon Publishing House
Seoul, Korea.

Translated and Published by Permission
Printed in Korea.

내 삶에 있어서
최고의 우선 순위 중 하나인
아내 오드리에게
이 책을 바친다.

4 크리스찬의 우선 순위

추천사

신앙 생활의
올바른 우선 순위 확립을 위하여

크리스찬의 삶이란 하나님 우선의 삶이기도 합니다. 그러나 실제로 하나님 우선의 삶이란 무엇인가 하는 문제 앞에서 대다수 성도들은 명확한 답변을 갖고 있지 못한 것이 사실입니다. 그뿐 아니라 우리들이 전통적으로 알고 있는 영적 우선 순위가 과연 성서적이냐 하는 질문 앞에서는 더욱 확신을 갖지 못할 때가 있습니다.

바쁘고 다양한 현대 사회 속에서 그리스도의 가르침을 좇아 살아가는 현대 크리스찬들에게 성서적 우선 순위를 바로 알고 행동한다는 것만큼 중요한 일은 없습니다. 그래야만 우리의 주님을 위한 열정이 질서없이, 향방없이, 허공을 치는 결과로 낭비되지 않을 것이기 때문입니다.

그랜트 하워드 박사의 명저 〈크리스찬의 우선 순위〉는 우리들에게 올바른 영적 생활 규범을 제시해 주는 귀한 책임을 확신합니다. 본서를 통하여 이 시대에 복음을 위해 살고자 하는 모든 성도들이 신앙 생활의 우선 순위를 올바르게 확립하는 기쁨을 누리게 되시기를 바랍니다.

1990년 신춘에
김 준 곤

서 문

완벽하게 훌륭한 이론일지라도 막상 그와 관련된 실제의 일에 직면했을 때는 부적당할 수가 있다. 우선 순위에 대한 전통적인 접근 방식은 아주 훌륭한 이론이며 매력적인 개념이다.

내가 말하는 전통적인 접근 방식이라는 것은, 하나님은 언제나 내 인생의 첫 번째 우선 순위에 해당하며, 다른 사람은 두 번째에, 다른 것은 그 다음 순위에 등으로 서열을 세우는 것을 의미한다.

나는 여기에서 이와 관련된 적절한 성서적 사실을 가지고 이 전통적인 견해에 대면하고자 한다. 많은 사람들은 이 전통적인 접근 방식의 형태에 만족을 느끼고 있으며 또한 그 방식에 따라 전적으로 헌신하고 있다.

나는 이 방식이 여러 측면에 있어서 비성서적이며 비논리적이라는 것과 또한 우리의 실제 삶 속에서 그대로 실행할 수 없다는 사실을 확신하게 되었다.

여러 해를 거쳐서 이 개념들을 가지고 나와 의견을 나누어 준 나의 동료들과 수많은 학생들과 교회의 평신도들에게 감사를 드린다. 그리고 이 책의 전부를 타자로 정리해 준 '레베카 탐슨'에게도 역시 감사를 보낸다.

그랜트 하워드

옮긴 이의 말

　나의 신학교 시절, 은사였던 그랜트 하워드(Grant Howard) 교수님은 한 마디로 '사고하는 기독교인'의 모범이셨다. 그 분의 그런 태도와 가르침이 나의 사고 방식에도 많은 도전을 주었는데, 특히 이 책이 실천적인 우선 순위의 모형을 제시해 줌으로써 이제까지 전통적인 우선 순위 모델에 젖어왔던 기독교인으로서의 나의 삶에 커다란 변화를 가져왔기에 이 책을 번역하기로 마음을 굳히게 된 것이다.
　저자의 문체가 워낙 가르치는 논조이며, 또한 대화체를 많이 사용하였고, 무엇보다 미국적인 문체 색채가 강하기에 간단한 문장도 옮겨지기에 어려움이 많았다.
　전체적인 흐름에 있어서나 글을 옮기는 데 미숙한 점도 많았기에 충고와 조언을 부탁드리며, 아무쪼록 저자가 말하고자 하는 내용이 독자들에게 분명히 전달되기를 바라는 마음뿐이다.
　끝으로, 그리스도 안에서 온전한 사람을 이루고 그리스도의 장성한 분량이 충만한 데까지 자라도록 우리가 노력하며 달려갈 때, 이 책이 조금이나마 그 가속의 역할을 담당하기를 바란다.

역자

차 례

추 천 사 ··· 5
서   문 ··· 6
옮긴 이의 말 ··· 7

제 1 부 순차적 우선 순위에 대한 새로운 고찰 ············ 11
  제 1 장 선택의 쇄도 ································· 13
  제 2 장 목표대로 사는 삶 ··························· 23
  제 3 장 순차적 방법론에 대한 고찰 ················ 33

제 2 부 성경 속에서의 새로운 고찰 ················· 47
  제 4 장 우선 순위에 대한 중심 구절 ················· 49
  제 5 장 중요한 이웃의 선택 ························· 59
  제 6 장 우선 순위의 원들 ·························· 71
  제 7 장 사랑하는 방법 ····························· 83

제 3 부 관계와 의무에 관한 고찰 ················· 95
  제 8 장 당신과 하나님 ····························· 97
  제 9 장 당신과 가족 ······························ 113
  제10장 당신과 일 ································ 127
  제11장 당신과 정부 ······························ 139
  제12장 당신과 교회 ······························ 151
  제13장 당신과 세상 ······························ 167
  제14장 문제점들 ································· 179
  제15장 평형을 찾아서 ···························· 199

제1부
순차적 우선 순위에 대한 새로운 고찰

제 1 장

선택의 쇄도

　목요일이다. 패트리샤는 옷장 앞에 서서 오늘은 무엇을 입을 것인가를 생각하며 옷들을 뒤적거리고 있다. 프래드는 넥타이를 만지작거리면서 자신의 코트와 어울릴만한 것을 고르고 있다. 아들 팀은 부엌 찬장 안을 요란스럽게 뒤지며 아침에 먹을 음식을 선택하고 있다. 팀의 누이 태미는 아침 신문을 훑어보며 오늘 사회과학 시간에 발표할 보고서에 이용할 만한 기사 내용이 실렸는가 살펴보고 있다. 패트리샤는 일하러 가기 전에 저녁에 먹을 찬거리를 냉동실에서 꺼내어 낮 동안 녹이려고 싱크대 위에 놓는다. 출근 길에 프래드는 자신의 차 안에서 라디오 채널을 이리저리 돌리다가 마침내 F. M. 방송의 클래식 음악을 듣기로 결정한다. 점심 때 팀은 햄버거 집에서 무엇을 먹을까 고민하다가 끝내 메뉴 판에서 17번째의 음식을 선택한다.
　가족들은 하루 종일 많은 결정을 하면서 산다. 어떤 것을 선택하고 고르며, 또 다른 것을 취하기도 하고 거부하기도 하며, 또 어떤 것을 좋아하고, 어떤 것에는 관심이 없다. 왜 그런가? 그것은 온 가족들이 우리와 마찬가지로, 목요일이건 다른 어느 날이건 간에 늘 방대한 선택의 배열 속에 둘러싸여 있기 때문이다.
　만약에 삶을 전쟁에 비유하여 본다면 여기에 아주 적절한 표현이 있다.

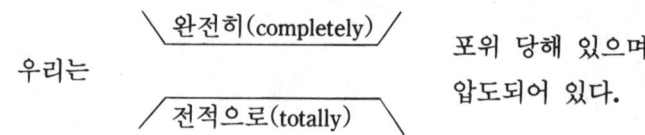

이것이 삶의 최전방에 있는 지친 보병의 실제적인 상황 보고이다. 포위당해 있다? 압도되어 있다? 도대체 무엇 때문에 그렇게 되어 버렸는가?

선택! 우리는 인생이라는 전쟁에서 늘 선택에 직면하면서 살고 있다. 우리가 돌아보는 곳에는 어디든지 결정해야 할 것들이 있다. 의무감이 우리를 억누르고 있고 또 여러 기회들이 우리를 유혹하고 있다. 가야 할 장소들이 너무나 많고 만나야 할 사람들이 항상 있고, 사야 할 물건들로 정신이 없고, 읽어야 할 인쇄물에도 지쳐 있다. 우리는 시간과 재능, 돈, 영향력, 지혜들을 극성스럽게도 요구하는 주위의 강력한 힘에 둘러싸여 있다. 거기에는 심리적인 양상마저 작용한다. 즉 우리는 모든 요구들을 다 응답할 수 없다는 것 때문에 자신도 모르는 사이에 은근히 죄의식의 감정에 빠져든다.

때로 우리는 모든 요구에 대해 항복할 결심을 하기도 한다. 항복의 깃발을 흔들 헛된 기회를 엿본다. 그렇지만 이미 우리는 선택에 의해 둘러싸여 있으며 이 포위 공격은 일생을 통해 계속된다는 것을 점차로 깨닫게 된다. 우리는 선택에 대해 결코 항복할 수도, 또한 결코 회피할 수도 없다. 단지 계속해서 싸울 뿐이다. 그리고 이 전쟁은 어떤 결정을 내림으로 계속 진행될 수가 있다. 우리가 올바른 선택을 할 때는 승리하는 것이며, 잘못된 선택을 할 때는 패배하는 것이다. 여기에는 어떠한 휴전도 있을 수 없으며, 또 내일에는 더 격심한 전투가 기다리고 있을 것이다.

지금까지 이야기해 온 선택들에 대해 좀더 구체적으로 분석해 보자.

필수불가결한 선택들

우리가 주의를 기울여야 하는 선택들도 있다. 배가 고프면 먹어야 하는 것이 필수적인 선택이고, 피곤하면 자는 것이 가장 좋은 선택이다. 거울을 보고, 수염이 긴 것을 알았을 때는 그것을 깎아야 한다. 아기는 기저귀가 젖으면 그것을 바꾸어 달라고 신호를 보낸다. 아기가 기저귀를 차는 동안에는 계속 그것을 갈아 채워주는 것이 어쩔 수 없는 올바른 선택이다.

먹는 것과 잠자는 것 만큼이나 필수불가결한 선택들이 있다. 전화벨이 울리면 받아야 하고, 문 밖에서 누군가 노크를 하면 나가 보아야 한다. 우편물이 도착하면 열어보아야 하고, 4월 15일(역주 : 미국에서는 이 날이 전년도 세금을 신고하는 마감일임)이 다가오면 세금 신고서를 보내야 한다. 맞춰 놓은 시계가 새벽에 울리면… 이것은 그렇게 좋은 예화는 아닌 것 같다. 아무튼 인생을 살면서 우리 각자에게는 어쩔 수 없이 고려해야 할 일들이 많이 있다. 이러한 요구들은 반드시 충족되어져야 하고, 또 우리는 그렇게 한다.

연기할 수 있는 선택들

우리에게 그렇게까지 압력을 가하지 않는 일들도 많이 있다. 어떤 일들은 잠시 동안 미룰 수도 있다. 또는 하지 않고 피해 버릴 수도 있다. 설겆이는 해야 하지만 안할 수도 있다. 차를 닦거나, 차의 엔진 오일을 갈거나, 타이어를 정기적으로 교대해 주면 좋겠지만, 그러나 그렇게 하지 않고도 얼마든지 차를 운행할 수가 있다. 차의 범버에 진흙덩이가 묻은 채로, 크랭크 실에 먼지가 낀 채로, 타이어가 골고루 닳지 않았더라도 차는 달릴 수 있다. 뜻밖에 일어나는 고장으로 당신이 걸어다니게 될 수는 있을지라도 그 동안에 좀더 시급한 일들을 처리할 수가 있다.

부모님께 전화도 드리고 편지도 써야하지만 꼭 지금해야 하는 것은 아니다. 시험 공부는 평소에 차분히 해야 하지만 나중에 한꺼번에 벼락치듯 할 수도 있고, 또한 준비를 하지 않고도 시험을 치를 수는 있다. 지금이 감사 카드를 보낼 좋은 시간이지만 그것도 다음으로 미루다가 잊어 버릴 수도 있다. 오랜만에 자녀들과 시간을 보낼 좋은 기회일지라도 그것을 놓쳐 버릴 수가 있다. 이런 것이 우리의 삶이다. 어떤 일들은 반드시 해야만 하고, 어떤 일들은 관심은 기울여야 하지만 그렇게까지 시급성을 요구하지는 않는다. 무기한 연기할 수 있는 일들도 많이 있다.

잘못된 선택들

선택은 도덕적인 의미를 함축하고 있다. 여러 종류의 선택은 잘못된 일을 하도록 유도하기도 한다. 이른 아침부터 생각해 보자.

토니의 자명종이 요란하게 울리면서 아침 잠을 방해한다. 아직도 잠이 덜 깬 채, 토니는 이불 사이로 간신히 손을 뻗쳐 침대 옆 테이블 위를 더듬거리기 시작한다. 전기담요 조정기와 전화기를 더듬거리다가 마침내 자명종 버튼을 누른다. 비록 잘못된 선택이지만 토니는 다시 이불을 덮고 잠을 잘 수가 있다. 아니면 잠자리에서 일어나 갖가지 불평스런 태도로 식구들에게 짜증을 낼 수도 있다. 그것 또한 잘못된 선택이다. 그리고 나면 출근 시간에 늦어 과속 운전을 해야 한다. 또 하나의 잘못된 선택이다. 직장에서도, 실제로는 할 수 없는 일임에도 불구하고 고객의 요청대로 물건을 빨리 배달해 주겠다고 약속한다. 좋지 않은 선택이다. 그는 이미 틈이 없이 꽉 짜여진 스케줄을 잊은 채, 또 다른 약속을 하며, 점심에는 과식을 하고, 불필요한 것에 돈을 낭비하는 등의 나쁜 선택들과 지혜롭지 못한 결정을 연속적으로 내린다. 토니뿐 아니라 우리 모두 역시 이런 식으로 잘못된 선택을 거듭 반복해 가면서 하루를 보내고 있는지도 모른다. 이런 잘못된 선택들은 늘 잘못된 것이라고 드러나게 표시되어 있는 것이 아니기 때문에 어떤 선택이 옳고 그른지를 분별하고 선택하는 법을 우리는 배워야 한다. 우리가 생각하는 것 이상으로 우리 주위에 잘못된 선택들이 많이 있기 때문이다.

좋은 선택들

잘못된 선택도 많지만 좋은 선택도 얼마든지 찾아 볼 수 있다. 나는 독서를 좋아한다. 주위에는 읽을만한 훌륭한 책들이 무수히 많다. 또한, 공구를 가지고 목공 일하기를 좋아한다. 찾아보면 특별 할인 가격으로 좋은 공구들을 얼마든지 구입할 수가 있다. 인생은 우리에게 좋은 기회들을 풍부히 제공한다. 단순히 풍부할 뿐만 아니라 무한정으로 제공한다.

여기에서 우리가 첫 번째로 해야 할 것은 나쁜 선택들로부터 좋은 것을 구분하는 것이다. 그 다음에는 무수히 많은 좋은 선택들 중에서 우리가 할 수 없는 것을 결정하는 것이다. 우리 앞에 다가오는 모든 요구들을 전부 다 수용하고 싶지만 우리의 한계있는 자원으로는 충당할 수 없으니 기왕 좋은 것을 선택할 바엔 좀더 좋은 것을 선택하자는 식의 사고 방식은 잘못된 것이다. 우리가 우리의 물질과 정력과 모든 시간을 계획하고 거의 사용했을 즈음 우리는 또 다른 요구들이 우리에게 밀려오는 것을 보게 될 것이기 때문이다.

그 실례로 오늘 도착한 우편물들을 살펴보자. 거기에는 반드시 한두 개쯤 비영리 단체(역주 : 예를 들면 자선단체, 종교 단체 등으로 미국에서는 많은 기관들이 편지를 통해서 일종의 자선금이나 후원금 등을 모금한다.)에서 후원금을 요구하는 편지들이 들어 있다. 나의 마음은 얼른 도와주는 쪽으로 찬성표를 던지지만, 주머니 사정은 냉정하게 반대표를 던지고 만다. 나는 내가 도와줄 수 있는 한계를 알아야 하고, 세상에 있는 선택하고 싶은 많은 것들 앞에서 항상 자신이 가지고 있는 선택의 한계를 인정해야만 한다. 나는 또한 설교 부탁받는 것을 기쁘게 생각한다. 그리고 항상 모든 부탁을 다 받아들이고 싶은 유혹을 받는다. 만약 내게 부탁하는 사람들의 모든 요청을 다 허락한다면 그것은 나의 자아(ego)를 위해서는 좋을지 몰라도 나의 육체적 정신적 건강이나 아내와 자녀들에게는 나쁜 결과를 초래할 수 있다. 나는 자신의 법칙(myself's law)을 항상 상기해야 한다.

요청은 항상 제공될 수 있는 자원의 한계를 능가한다.

좋은 일을 해야하는 것은 분명하지만, 모든 좋은 일을 전부 다 한다는 것은 불가능하다.

팽창하는 선택들

우리의 선택들은 늘어나고 있다. 우리는 모든 것을 넘치도록 가지고 있다. 최근 신문과 잡지를 파는 매점에 가 본 일이 있는가? 그 전의 어떤 때보다도 많은 종류의 잡지들이 있고, 그 속에는 더 많은 화제들이 담겨 있다. 대중 잡지뿐만 아니라, 전문 잡지들도 그 종류가 엄청나다. 우리가 '정보폭발' 속에 살고 있다는 것은 결코 과장된 말이 아니다. 그 결과로 우리는 더 많이 보고, 읽고, 공부하고, 배워야만 한다. 이렇게 번창하는 인쇄 매체들로 인해 우리는 새로운 선택을 할 수 있고, 또 가격에 대해서도 좋은 선택을 할 수가 있다. 영화, 라디오, 텔리비젼 등도 이런 선택의 확장에 강력한 영향력을 행사하고 있다.

과학 기술의 발달 역시 선택의 폭발적 증가에 주요 원인으로 등장하고 있다. 제트 항공기는 우리에게 여행할 수 있는 기회를 넓혀 주었고, 컴퓨터와 워드 프로세서는 숫자와 단어들을 다룰 수 있는 방법을 증가시켰으며, 부엌에서 전자 렌지를 사용함으로 우리의 식단에 다양성을 부여했다. 가족 여행용차는 방학을 보내는 데 새로운 선택을 부여했고, 현금 자동 지급기는 우리에게 저축, 인출, 지출 등의 새로운 선택을 전개시켜 주었다. 교회는 어떠한가? 성장과 예배의 의식을 위한 새롭고 창의적인 프로그램들을 선택하여 교인들을 양육시키고 있다.

매일매일 새로운 품목들이 우리 인생의 선택 목록에 더해 진다. 우리는 취사 선택할 것을 분명히 결정해야 할 것이다. 전례없는 도전이 우리 같은 '선택자들' 앞에 놓여 있다. 그렇기 때문에 우리는 선택들에 의해 완전히 포위 당해있고, 또한 전적으로 그것에 압도되어 있다고 앞에서 말했던 것이다. 누구도 이 선택의 물결을 막을 수는 없다.

속기 쉬운 선택들

처음 보기에는 많은 선택들이 자극적이며 현혹적이다. 그러나 시간이 지난 후에 보면, 그 선택의 가치가 점점 줄어드는 것을 보게 된다. 예를 들어 승진을 했다고 하자. 당신은 더 오랜 근무 시간과 무거운 책임감에 시달려야 한다. 또 어떤 물건이 마침 할인 판매 기간이었고, 당신은 그것을 사기로 결심했다고 하자. 그것 때문에 당신은 매달 할부금을 지불해야 하고, 아마도 나중에는 왜 그 물건이 처음에 그토록 필요하다고 생각되었었는지를 의아해 할 것이다.

여행 또한 속기 쉬운 선택이다. 나는 항상 여기저기를 여행하면서 나를 존경하는 사람들 앞에서 설교할 수 있으면 좋겠다고 생각했다. 물론 좋기야 할 것이다. 그러나 또한 지루하고 지치기 쉬운 일이기도 하다. 많은 사람들이 개인 사업을 가지기를 열망한다. 그들이 그 목적을 달성하게 되면, 곧이어 그 뒤에 따르는 많은 책임과 일처리가 기다리고 있다는 사실을 깨닫게 될 것이다. 결혼이라는 테두리 밖에서의 성관계도 가능하다. 그러나 그것은 우리를 현혹시키는 선택이다. 은퇴란 '할 일이 없는 상태'라는 것도 기만이다.

속기 쉬운 선택이라고 해서 항상 부정적인 측면만 가지고 있는 것은 아니다. 내가 몇 년 전 둥근 모양의 톱을 샀을 때, 나 자신도 그것을 무엇에 쓰려고 샀는지 잘 알지 못했다. 살면서 점점 그 톱의 유용성을 발견하게 되었다. 때로 당신은 방을 같이 쓰는 친구나 또는 사물함을 같이 쓰는 새로운 친구를 만나게 된다. 처음에는 별로 탐탁치 않고 유익해 보이지도 않았을지라도 점점 관계를 발전시켜 나가면서 많은 것을 얻을 수가 있다. 나의 요점은 이것이다. 많은 선택들이 불분명하다. 그렇기 때문에 선택에 대한 연구와 조심스런 평가가 필요한 것이다. 처음에 눈에 보이는 그것을 항상 그대로 얻을 수 있는 것은 아니기 때문이다.

동기를 부여하는 선택들

모든 선택들이 수동적인 것만은 아니다. 그렇다고 해서 중립적인 것도 아니다. 오히려, 우리가 반응할 수 있도록 적극적으로 우리를 자극한다. 또한 우리 자신도 수동적이거나 중립적이지 않다. 우리는 성공하기를 원하고 또한 효과적으로 일하기를 원한다. 의욕이 넘치는 사람에게 여러 가지 일할 수 있는 선택들을 제시해 보자. 어떤 결과를 발견할 수 있는가? 그 사람에게 충분한 동기 부여가 되는 것을 볼 수 있다.

우리는 압박 속에 살고 있다. 즉 적절하게 행동해야 하고 우리에게 맡겨진 일을 잘 처리해야 하며, 창조적이어야 하고, 신뢰감을 주어야 한다. 이러한 압박들은 우리를 성장시키고, 일을 성취하는데 도움을 주기 때문에 어느 정도는 우리에게 필요하다. 그러나 어떤 압박들은 우리에게 좋지 않은 결과를 초래할 수도 있다. 그런 경우 우리는 정도에서 벗어나게 될 수도 있고 배 위에서 밀려 물 속으로 빠져 버릴 수도 있다.

어떤 회사에서는 다음과 같은 사훈을 정했다. '좋은 성과를 내라. 반드시 그만큼 보상을 받을 것이다.' 이것은 고용된 사람들이 탁월하게 일하므로써 좋은 성과를 낼 수 있는, 최선의 방법을 추구하도록 자극시키는 선택이다. 고용인들은 회사에 일찍 출근하여 밤늦도록 일하고, 집에 일감을 가져가기도 하며, 대학에 가서 일에 필요한 강의를 듣는 등, 여러 가지 방법을 강구할 수도 있다. 이런 것들은 모두 강력한 선택으로써, 그런 선택들은 역시 그들에게 성공적으로 효과적으로 되어간다는 내적인 만족을 줄 수 있다.

그러나 이와 같은 선택들이 회사의 상사에게는 만족감을 줄 수 있을지 몰라도, 가족과 보내는 시간이 줄어들기 때문에 아내에게는 불만족한 결과를 가져올 수 있다. 그러므로 우리는 우리에게 동기를 부여하는 선택들이 우리 삶의 균형을 깨고 중요한 인간 관계에 금이 가게 하지 않도록 매우매우 조심해야 한다. 선택들은 이렇게 복잡하다.

우리 자신 또한 복잡하기는 마찬가지이다. 선택들은 좋은 경우에 우리의 잠재적인 가능성을 점점 더 개발하도록 우리를 유인하기도 하고, 나쁜 경우에는 우리가 그러한 선택이 주는 잠정적인 결과들을 보지 못하도록 막을 수도 있다.

어떻게 보면 이 세상은 우리가 가진 모든 잠재 능력의 최후의 한 방울까지도 빼앗아 가도록 설계되어 있는 것 같다. 우리 자신 역시 그렇게 살기를 기대한다. 이렇게 내적, 외적인 힘에 자극되어 우리는 인생의 승리를 위해서 달려간다. 그러나 그렇게 할 때 주의해야 할 점이 있다. 우리의 우수성을 추구하고자 하는, 또 정당하게 보이는 그 욕구가 쉽게 우리를 과잉으로 이끌 수 있다는 사실을 명심해야 한다.

문제점

우리는 헤아릴 수 없이 많은 선택들에 둘러싸여 있으며, 또 거대한 양의 선택들이 우리 각자를 에워싸고 있다. 어떤 것들은 반드시 처리되어져야만 하고 또 다른 어떤 일들은 연기되어 질 수도 있다. 어떤 선택들은 나쁘고 또 어떤 선택들은 좋으며, 어떤 선택들은 우리를 속이고 어떤 것들은 우리에게 동기를 부여하기도 한다. 선택은 계속 증가하면서 우리를 압도시키는 경향이 있다. 우리는 선택의 과잉으로 자극을 받고 있고, 도전을 받고 있으며, 지나치게 노출되어 있다. 주의하지 않으면 우리는 버틸 수 없는 지경에까지 이를 수가 있다.

그러면 이런 문제점들에 대한 해답은 과연 무엇인가? 어떤 사람들은 조용히 살기 위해서 생기있고 활동적이고 생산력있는 삶의 방식을 피하고 조금만 일을 하거나 아예 아무것도 하지 않으려고 한다. 또 어떤 사람들은 거의 모든 자극에 미친듯이 반응하다가 결국은 그 과정 속에서 스스로 붕괴되어 버리고 만다. 분명히 좀더 좋은 해결책이 있어야만 한다.

해결책

해답은 무엇인가? 우선 순위이다. 우리의 삶에서, 정신 분열 증세적인 시간표에 대한 해결책은 적합한 우선 순위를 세우는 것이다. 만약 우리가 복잡하고 숨막히는 생활을 벗어나 좀더 여유있고 정상적인 삶을 영위하고 싶다면, 우리는 우리의 우선 순위를 분명히 세워야 한다. 만약 우리가 매일매일 우리에게 밀려오는 선택들을 적절히 막으면서 정확히 조정하려고 한다면 우리는 실행가능한 우선 순위의 목록을 가지고 있어야 한다. 우리에게는 시간과 재능의 끊임없는 요구들을 구분해서 통과시킬 수 있는 적절한 여과 장치가 절대적으로 필요하다.

우리에게 안도감을 주는 그 단어는 무엇인가? '우-선-순-위'이다. 듣기만 해도 그럴 듯하다. 이제는 이 주제를 어떻게 이해해야 할지를 살펴보자.

그런데 잠깐…

당신은 지금 이 책을 읽을 시간이 확실히 있는가? 무엇인가 다른 일을 해야 하는데도 잊고 있는 것은 아닌가? 당신은 각종 청구서를 보고 돈을 지불해야 하고, 또 은행 잔고를 조사해서 쓴 돈과 남은 돈이 맞는지 확인해 보아야 하며, 더러운 옷도 세탁해야 하고, 시장을 보러가야 할 필요도 있다. 아마 아이들과 놀아주어야 할지도 모르고, 텔리비젼의 특별 프로그램을 보아야 할지도 모르겠다. 친구에게 전화하는 것도 괜찮겠고, 숙제를 하는 것도 좋겠다.

당신은 이 책을 읽기 위해서, 당신이 해야 할 중요한 일들을 미뤄놓고 있지는 않은가? 그런 행동을 어떻게 정당화 할 수 있겠는가? 내가 말하고 싶은 것은 그런 모든 일들을 제쳐두고 어떻게 이 책을 읽기 위해 그렇게 앉아만 있을 수 있겠는가 라는 것이다. 아마 당신은 지금 이 책을 읽는 것이 다른 어떤 것보다도 우선 순위라고 생각해서 선택을 한 것 같다. 어떻게 그런 결론을 내리게 되었는가?

제 2 장
목표대로 사는 삶

 "안녕하십니까!" 선생님이 힘차게 인사했다. "안녕하십니까!" 그룹이 엉거주춤 대답한다. 그 이유는 누구 한 사람의 지휘로 전체의 소리를 모으지 않았기 때문이다.
 "혹시 여러분 중에 저를 모르시는 분들을 위해서 소개하겠습니다. 제 이름은 잭 타드입니다. 여러분이 이미 알고 있겠지만, 저는 아직 휴가 중에 있는 단 브링크만 선생님을 대신해서 오늘 여러분을 가르치게 되었습니다. 단 선생님이 저에게 어떤 주제이든지 원하는대로 가르쳐도 좋다고 해서 '우선 순위'라는 제목을 골라 보았습니다. 나 자신도 삶 속에서 이 문제에 대해 고민하고 있는 터라 여러분도 아마 같은 입장일 것이라고 생각합니다. 자, 그러면 우리가 오늘 이 문제에 대한 해답을 얼마나 얻을 수 있을지 진행을 해 봅시다."
 '우선 순위(Priority)'라고 말하면서, 잭은 그 단어를 오버헤드 프로젝터(overhead projector) 필름 위에 쓰고는 스크린에 글씨가 분명히 보이도록 초점을 맞추었다. "이 말의 정의를 어떻게 내릴 수 있을까요? prior(역주 : 영어로는 priority라고 하는데 그 단어의 첫 부분에서 나온 것임)라는 것은 시간이나 순서에 있어서 우선이 되는 것을 의미합니다. 즉 만약 어떤 것이 우선권을 차지 한다면, 그것은 제일 먼저 관심을 끌게 되고, 가장 앞선 순위를 차지하며, 우위를 차지하는 것을 말합니다. 혹 다른 어떤 것보다 더 중요한 일인가라고 묻기도 합니다. 이렇게 이해해 봅시다. 우선권이란 어떤 것이 또 다른 어떤 것보다 더 중요하다거나 혹은 이 한 가지 일이 다른 어떤 한 가지의 일보다 더 중요하다는 것을 의미합니다.

자, 오늘 우리가 다루고자 하는 질문은 다음과 같은 것들 입니다. 무엇이 무엇보다 더 중요한가? 기독교인들에게 중요한 우선 순위라면 어떤 것들이 있으며 그것들을 어떤 순서대로 놓아야 하는가? 이 문제에 대한 여러분의 생각을 돕기 위해서 찬성이나 반대를 표시할 수 있는 질문지를 나누어 드리겠습니다. 받으신 분들은 바로 시작해 주시기 바랍니다. 각각의 질문들을 자세히 읽으시고 찬반의 여부를 표시해 주시기 바랍니다. 쉽지는 않겠지만 자신이 어떤 의견을 갖고 있는지 한번 표시해 보시기 바랍니다."

무엇이 무엇보다 더 중요한가?

질문

1. 나와 하나님과의 관계가 나와 다른 사람들과의 관계보다 더 중요하다.
　　　　찬성 ☐　　　반대 ☐

2. 성경은 나와 기독교인들과의 관계가 나와 비기독교인들과의 관계보다 더 중요하다고 가르친다.
　　　　찬성 ☐　　　반대 ☐

3. 기독교인들에게는 먹는 것보다도 전도하는 것이 더 중요하다.
　　　　찬성 ☐　　　반대 ☐

4. 나의 가족에 대한 의무가 나의 교회에 대한 의무보다 더 중요하다.
  찬성☐   반대☐

5. 나 자신에 대한 의무는 다른 사람들에 대한 의무만큼 중요한 것은 아니다.
  찬성☐   반대☐

6. 성경 공부와 기도가 기독교인들에게는 가장 중요한 의무들이다.
  찬성☐   반대☐

7. 성경 공부에 시간을 보내는 것보다 나의 아내 혹은 남편과 시간을 보내는 것이 더 중요하다.
  찬성☐   반대☐

8. 나는 각각에 적절한 시간을 배정함으로써 나의 성경적 의무를 이행한다.
  찬성☐   반대☐

9. 나의 삶에 하나님을 최우선 순위에 놓는다는 것은 다른 어떤 사람을 마지막 순위에 놓는다는 것과 같은 의미이다.
  찬성☐   반대☐

"자, 이제 그만 끝내 주시기 바랍니다." 잭 타드는 아홉 가지의 질문에 대해 어떤 의견들이 나와있는지 잠시 훑어 보았다. 어떤 질문에 대해서는 찬반이 정확하게 반반으로 나뉘어진 것도 있었다. 그룹은 잭의 급작스런 여론 조사에 대해 중간중간에 여러 가지 의견을 표시했다. 질문들이 너무 애매모호해서 정확히 찬반을 표시하기가 어려웠다고 많은 사람들이 말했다.

"좋습니다." 잭이 말했다. "이 질문들은 우리로 하여금 우선 순위에 대해 생각하게 하는 계기를 주었습니다. 그럼 이제 이 모든 것들을 우리 삶에 적용해서 우리의 우선 순위에는 어떤 것들이 있는지 살펴 보겠습니다. 스크린에다 그 목록을 한번 적어보겠습니다." 잭은 펜을 가지고 적기 시작했다. "무엇이 우리 삶에서 가장 우선이 됩니까? 누가 제일 첫 순위를 차지할까요?"

몇몇 사람이 누구나 알고 있고 정답이라고 생각되는 대답으로 재빨리 반응했다. "하나님."

"여러분은 하나님을 제일 우선에 놓기 원하십니까? 모두 동의 하십니까? 다른 지명자는 없습니까?"

"다른 지명자는 더이상 없기를 바랍니다." 늘 농담하기 좋아하는 찰리가 말했다. "그리고, 하나님은 모든 사람의 환호 속에 당선되어야 합니다. 동의하시는 분은 모두 박수를 보내주셔요."라는 말에 사람 들이 킥킥거리고 웃으면서 응답을 보냈다.

"좋습니다. 하나님이 우리의 우선 순위 목록에서 첫 번째 자리를 차지 하시는데, 만장일치로 동의하였습니다. 하나님께서도 이 자리를 흔쾌히 받아들이시리라 믿습니다. 하나님이 가장 위에 있는 제 일 순위를 차지 하셨습니다. 제 생각에는 다른 기독교 그룹들도 찬성하 리라고 생각합니다. 자, 이 문제는 해결이 되었고, 그 다음은 누구 입니까? 누가 두 번째입니까?" 잭이 주위를 둘러 보았다.

사람들은 가장 좋은 답을 구하느라 골똘히 생각하고 있었다. 마침내 한 여자가 말했다.

"글쎄요, 하나님 다음으로 저는 저의 남편을 놓고 싶은데요." 여 기저기에서 폭소가 터져 나왔다. 얼굴이 붉어진 채 여자가 계속 이 야기를 했다. "잠깐만요! 제가 다시 이야기를 하겠습니다. 제 말은 남편이 하나님만큼 그렇게 좋다는 뜻이 아니라 만약 하나님이 내 삶 속에서 가장 중요한 분이라면 그 다음에 중요한 사람은 제 남편이란 말입니다. 그래서 남편이 두 번째라고 생각합니다."

"저도 그 말에 찬성합니다." 그. 여자의 남편이 말했다. "그리고 거기에 덧붙여서 저도 저의 아내를 제 삶 속에서 같은 위치에 놓겠습니다. 오늘날과 같이 결혼의 신성함이 파괴되어 가고 있는 상황에서 우리는 이것을 높은 우선 순위에 두어야 한다고 생각합니다."

"그리고 가족들에 대한 가치가 붕괴되어 가고 있는 것을 생각하면, 우리는 자녀들에 대해서도 높은 우선 순위에 두어야 한다고 생각합니다." 다른 사람이 맞장구를 쳤다.

"맞습니다." 잭이 동의했다. "지금 보기에, 우리는 점점 의견을 한 곳으로 모아가고 있습니다. 그리고 거의 모든 사람이 결혼과 가족 또는 가정을 우선 순위 목록 중 두 번째 위치에 놓는 것에 만족하고 계십니다. 가정에서의 모든 인간 관계를 포용하기 위해 '가족'이라는 단어를 사용합시다." 잭은 가족이라는 단어를 하나님이라고 쓴 단어 밑에다가 굵게 썼다. "우리는 가족을 중요시해야 하며, 가족을 목록의 두 번째 위치에 놓음으로써 우리의 관심을 그것에 두어야 합니다. 그런데 여러분은 실제적으로 어떻게 하나님을 가족보다 우위에 두며, 어떻게 가족을 하나님보다 차선에 둡니까? 이것은 흥미로운 질문입니다. 하지만 지금 우리의 우선 순위는 우리의 목록을 작성하는 데에 있기 때문에 방금의 의문들은 다음으로 미루어야 하겠습니다."

잭이 고개를 살짝 위로 들었다. "저 뒤에 손이 보이는데요. 네 바로 그분입니다. 말씀하십시오. 네, 결혼을 하시지 않은 분이라 목록의 어디에 속하는지가 궁금하시다구요. 다시 말해서 이런 경우, 우선 순위의 목록에서 두 번째는 누가 속하느냐 입니다. 다른 분들은 어떻게 생각하십니까? 또다시 수군대는 소리가 들렸다.

"결혼 안하신 분들은 목록의 두 번째 란에 원하시는대로 선택하실 수 있는 자유가 있다고 생각합니다."

"독신들은 두 번째 란에 해당되는 사람들이 없는 것 같습니다."

"아닙니다. 독신들도 부모님이 계시고 남자 형제들이나 자매 등 가족들이 얼마든지 있지요."

"만약 두 번째 란의 우선 순위를 채우기 위해 반드시 결혼을 해야 한다면, 그럼 과부들이나, 청소년들, 이혼한 사람들 또는 어린 아이들의 경우는 어떻게 되는 겁니까?"
　잭이 여러 사람들의 시선을 집중시키기 위해 손을 높이 쳐들었다. "자 여러분들이 방금하신 질문이나 설명들은 모두 흥미 있는 것들입니다. 이 우선 순위라고 하는 주제가 점점 더 복잡해지는 것 같습니다. 질문들을 하시는 것은 좋은 일이지만 지금 그 모든 문제를 다 다룰 수는 없습니다. 우리 모두가, 가족은 전략적으로 중요한 위치를 차지한다는 것에 동의한다고 생각합니다. 동시에 가족은 이 시대에 여러 가지 다른 모양들을 가지고 있습니다. 그렇기 때문에, 가족이 두 번째 우선 순위를 차지한다고 했을 때, 그것은 각자의 결혼 유무나 가족 관계에 따라 각각의 사람들에게 다른 의미를 가지고 있습니다."
　"이제 계속 진행할까요? 세 번째 순서를 생각해 봅시다. 세 번째가 교회라고 생각하시는 분이 몇 분이나 되십니까?" 잭이 재빨리 손든 사람의 수를 세었다. "몇 분이나 세 번째가 일(work)이라고 생각하십니까? 전도라고 생각하시는 분은 손들어 보십시오?" 잭이 얼른 계산을 끝냈다. "정말 문제가 큽니다. 세 번째 순서에 대해서는 의견이 세 가지로 정확히 나뉘어 졌습니다. 다시 한번 투표를 해 볼까요? 결과가 조금 바뀔지도 모르니까요." 잭이 다시 한번 재빨리 손을 들게 했다.
　"좋습니다. 몇몇 분이 생각을 재고해 보시고는 마음을 바꾸셨습니다. 드디어 세 번째 순위가 결정되었습니다. 그것은 교회입니다. 명단에다 적어 넣겠습니다. 우리의 세 번째 우선 순위는 교회입니다."
　어떤 사람이 손을 드는 것을 보았다.
　"설명하실 것이 있으십니까?"
　"네, 사실은 질문이라고 생각합니다. 교회가 가족보다 먼저 있어야 하지 않을까요? 제 생각에는 건실한 교회가 젊은 사람들을 위해서 건전한 결혼 생활과 가정 생활을 준비시켜 줄 수 있다고 생각합니다. 그리고 그렇게 되기 위해서 우리는 교회를 세 번째보다는 좀더 높은 우선 순위에 두어야 한다고 생각합니다. 우리는 너무 많은 시간과 정력을 결혼 생활과 가정에 쏟다가 교회를 위해서는 시간을 별로 낼 수 없게 될 지도 모른다는 생각이 듭니다. 우리는 가족과 교회의 순위를 뒤바꾸어 놓은 것 같습니다."

잭이 고개를 끄덕였다. "아주 좋은 점을 지적하셨습니다. 그러나 또한 건강한 가정이 건강한 교회를 만들 수도 있지 않을까요? 교회와 가정은 일종의 상호 지원적인 관계를 가지고 있습니다. 우선은 이런 관계로 놓아 두도록 합시다. 다른 질문이 있습니까?"

점잖게 옷을 입고 중간 정도에 앉아 있었던 남자 한 명이 일어섰다. "예, 우리가 아침 내내 이야기해 왔는데, 저는 의미를 잘 모르겠습니다. '교회를 세 번째 우선 순위로 놓는다'는 말이 과연 무슨 뜻입니까?" "글쎄요. 제 생각에는 당신이 하나님과 당신의 가족을 돌본 후에 교회에 가거나 아니면 그 후에 당신의 관심을 교회로 돌리는 것이라고 생각합니다." 잭이 답변했다.

"그 대답은 제게 또 다른 의문을 불러 일으킵니다. 하나님을 '돌본다'는 말이 무슨 뜻입니까? 저는 가족을 돌봐야 한다는 의미는 알겠는데, 제가 어떻게 하나님을 돌봅니까? 하나님은 하나님 자신을 돌볼 수 없다는 이야기인가요?"

잭이 미소를 지었다. "아닙니다. 하나님을 돌본다는 것은 '하나님을 제일 우선으로 놓는다는 것을 그렇게 표현한 것 뿐입니다."

"그럼 좋습니다." 남자가 계속했다. "저는 하나님을 제일 우선으로 놓는다는 것은 이해할 수 있습니다. 그러나 아직도 교회를 세 번째로 놓는다는 말은 이해가 잘 안됩니다. 지금 말씀하시면서 '관심을 교회로 돌리는 것'이라고 하셨는데, 어떤 사람들은 그것을 회교도들이 메카를 향해 하듯이 규칙적으로 교회를 향해서 얼굴을 돌리는 것으로 해석할 수도 있지 않을까요?"

"글쎄요, 저도 그것이 정확하게 무엇을 뜻하는지 잘 모르겠습니다. 그리고 제가 왜 단 브랑크만에게 이 시간을 맡겠다고 말하였는지 슬슬 후회가 되기 시작합니다. 여러분들이 너무나 많은 질문들을 하시는데 그것은 나중에 단 선생이나 목사님께 여쭈어 보시기 바랍니다. 지금은 우리가 이 목록들을 끝낼 수 있는지 계속 진행해 봅시다."

"어디까지 했었지요? 네 번째 순위를 정할 차례입니다. 무엇이 되어야 할까요? 일입니까 전도입니까? 이 문제는 상당히 쉬운 것 같습니다. 우리가 전도하기 위해서는 일을 해야만 합니다. 뿐만 아니라, 나에게 주어진 일을 잘 함으로써 전도도 가능해 집니다. 결론이 났습니다. 일이 목록에서 네 번째 입니다."

"여러분이 목사나 선교사가 아니기 때문에 여러분의 직업이 여러분의 전도입니다. 결국 네 번째와 다섯 번째를 서로 결합시키는 것입니다."라고 그 중 어떤 사람이 말했다.

"그 말을 들으니까 생각나는 말이 있는데요." 챨리가 다시 익살을 부리며 말했다. "목사나 선교사들은 선을 행하도록 봉급을 받지만, 일반 성도들은 아무 대가도 없이 선을 행합니다."

"챨리가 요점을 아주 잘 이야기해 주었습니다. 그럼, 일이 목록에서 네 번째이고, 전도는 자연스럽게 바로 그 다음을 차지했습니다. 바로 목록에서 다섯 번째입니다. 어떤 분들은 아마 전도 하는 것을 직업보다도 더 중요하게 여길 수도 있을 것입니다. 하지만 여러분들은 가족을 부양하여야 하며, 아이들을 전도 책자로 먹여 살릴 수는 없습니다. 물론 그것을 팔아서 부양하는 것은 예외이지요. 즉 전도지를 파는 것 말입니다." 또 다른 사람이 손을 흔드는 것을 잭이 보았다.

"질문이 또 있습니다. 감히 제가 의견을 말하건대, 우리는 지금 모든 것을 뒤죽박죽으로 하고 있다는 생각이 듭니다. 저는 전도가 제일 첫 번째를 차지해야 한다고 생각합니다. 그것이 모든 믿는 자의 가장 중요한 책임이고 그렇게 함으로써 우리는 하나님을 첫 번째로 놓을 수가 있는데, 능동적이고 적극적인 전도에 의해서만이 그것이 가능합니다."

"좋은 생각입니다. 그러나 만약 우리가 전도를 목록의 끝으로 밀어 놓는다면 여러분은 결국 하나님에 대해서도 태만하게 되고, 가족이나 일, 심지어는 지역 교회에서 교인들과의 관계와 책임마저 소홀히 하게 되는 결과를 가져 올 수 있습니다. 이제 시간이 거의 다 되었습니다. 우리는 우리의 우선 순위 목록에 다섯 가지의 중요한 영역을 적어 넣었습니다. 어떤 다른 것을 더 보충해야 할까요? 제 생각에는 우리가 중요한 사람 하나를 빠뜨렸다고 생각합니다. 어떻게 생각하세요? 프래드, 말씀하실 것이 있으십니까?"

프래드가 그의 머리를 긁적이며, "글쎄요, 저는 오늘 아침 내내 여기 앉아 있으면서 제 자신에 대해서 궁금해 하고 있었어요."라고 말했다.

"여기에 있는 많은 사람들이 바로 프래드, 당신에 대해서 궁금해 하고 있었어요. 이건 농담입니다. 목록 중에 당신 자신을 어디에 넣어야 하는가를 물어보시는 것이지요?"

"맞습니다. 제 생각에는 만약 제가 명단에 들어갈 수 있다면 저는 제일 나중에 들어가야 한다고 생각합니다. 그것이 겸손한 일이라고 생각합니다."

"이 문제에 대해 질문해 주시니 고맙습니다. 목록 중에서 우리 자신이 어디에 속하는지를 결정하는 것은 어려운 일입니다. 어떤 사람들은 우리 자신을 아예 목록에 집어 넣지도 않는 것이 진정한 겸손과 자기 부인의 의미라고 생각할지도 모릅니다. 그러나 우리 자신에게도 관심을 두어야 하는 때가 있습니다. 예를 들면, 우리는 먹어야 하고 잠도 자야 하며, 건강을 유지하도록 최선을 다해야 합니다. 저는 우리가 완전히 우리 자신을 목록에서 제외시켜 버릴 수는 없다고 생각합니다. 가장 가치가 없다는 뜻은 아니지만 목록의 마지막에 우리를 넣읍시다. 자, 여기 우리의 자리가 있습니다. 신성한 여섯 번째 자리입니다."

잭이 고개를 들었을 때, 키가 큰 회색 머리의 남자가 막 들어오고 있었다. "자, 누가 오고 있는지 봅시다. 저분은 오늘 공부 시간에 늦었다고도 할 수 있고, 또 다음 예배 시간을 위해서 빨리 왔다고도

할 수 있습니다. 그렇지만 긍정적인 쪽으로 생각해서 예배 시간 전에 일찍 도착했다고 해 둡시다. 태드, 우리는 아침 내내 개인의 우선 순위 목록을 작성하고 있었습니다. 여기 그 목록이 있습니다. 하나님, 가족, 교회, 일, 전도, 그리고 자기 자신들입니다."

"좋은데요." 태드가 말했다. "그렇지만 그 목록이 좀 복잡하고 쉽게 혼돈되지 않을까요? 저는 몇 년 전에 제가 배운 간단하고도 분명한 방법에 따라 생활합니다. 그것은 JOY 즉 Jesus[예수님], Others[다른 사람들], You[자기 자신]입니다."

"그것 참 간단하군요. 태드, 당신이 맞습니다. 우선 순위를 세운다는 것은 혼돈되면서도 복잡한 일입니다. 우리는 오늘 토론하는 중에 대답을 듣지 못한 여러 가지 질문들을 많이 나누었습니다. 그러나 우리는 최소한 우리의 생활을 날마다 평가하고 계획하는데 도움이 될 좋은 목록을 만들어 보았습니다." 잭은 그의 손목 시계를 흘끗 보았다. "이제 끝났습니다. 다음 주일에 다시 만나기를 바랍니다."

그런데 잠깐…

위의 목록들이 당신의 목록과 비교해서 어떠한가? 순서가 다른가? 목록의 내용이 서로 다른가? 당신이 만약 우선 순위의 목록을 가지고 있다면, 어떻게 그것을 결정했는가? 교회 목사님에게서 그 목록을 얻었는가? 교회에서 얻었는가? 어떤 강사의 강연에서 얻었는가? 책에서 발견했는가? 아니면 세미나 때나 연구 집회에서 배웠는가? 아니면 당신 스스로가 연구해서 만들었는가?

어디에서 그 목록을 얻게 되었는지에 대한 질문은 그 목록이 무엇을 의미하는지에 대한 질문 만큼 그렇게 중요한 것이 아니다. 하나님을 제일 우선 순위로 놓는다는 것은 무슨 뜻인가? 가족을 두 번째로 놓는다는 것은 무슨 뜻인가? 자기 자신을 목록의 제일 마지막으로 놓는다는 것은 또한 무슨 뜻인가? 우리의 삶을 우선 순위대로 나열한다는 것은 무슨 뜻인가? 계속 읽어 보기 바란다.

제 3 장
순차적 방법론에 대한 고찰

 기술자로서 분석적 사고 방식을 가진 톰은 이번 주 내내 지난 주 학교에서 배운 우선 순위에 대해 생각하고 있었다. 톰은 많은 질문들의 대답을 듣지 못한 채 지내는 것이 몹시 답답했다. 그는 특별히 하나님을 제일 우선 순위에 놓는다는 것이 무엇을 의미하는가 라는 질문에 관심이 있었다. 여러분 중에서도 많은 분들이 이와 같은 의문을 갖고 있으리라 믿는다. 그러므로 바로 그 문제로 들어가서 논점을 다루어 보도록 하자.

 하나님을 제일 우선 순위에?
 하나님을 제일 우선으로 한다는 것은 무슨 뜻인가? 모든 사람이 '하나님을 제일 우선 순위로'라는 문구를 사용한다. 그러나 누구도 그 의미를 설명하는 사람은 없다. 왜 설명하지 않는가? 왜냐하면 그것이 너무도 명백하기 때문이다. 당신은 그냥 단순히 하나님을 제일 우선으로 놓기만 하면 된다. 이제 분명하지 않은가?
 솔직히 대답하면 조금도 분명한 것은 없다. 너무도 흐리멍텅하고도 막연한 대답이다. 나는 그것이 무엇을 의미하는지 전혀 모르겠다. 그것은 너무나 많은 의미로 해석될 수도 있다. 문자 그대로 말한다면,

우리는 그것을 우리가 좋아하는 사람들의 명단을 작성할 때 하나님을 그 명단의 제일 처음에 적을 수 있다는 것으로 해석할 수도 있다. 그것이 진정한 의미인가? 우리가 명단을 적은 종이 쪽지를 가지고 다니면서 그것을 보고는 하나님이 우리 목록의 제일 첫 부분에 적혀 있다는 것을 기억하는 것으로 해석할 수도 있다. 또는 그 종이 쪽지에 싸인을 하고 사람들의 눈에 잘 띄는 어떤 장소에 게시하여 우리에게 관한한 하나님이 제일 우선에 있다는 것을 다른 사람에게 알리는 것이라고도 해석할 수 있다.

아니다. 그것보다 더 다른 의미가 있다. 그것은 매일 아침 우리가 자리에게 일어났을 때에, 제일 먼저 하는 일이 성경을 읽고 기도하는 것으로 해석할 수 있다. 이것은 당신이 하나님을 매일매일의 시간표 속에 제일 우선 순위로 놓는다는 것을 의미한다. 우리는 우리 하루의 삶 속에서 하나님과 제일 먼저 만나서 이야기하고, 또 그의 음성을 제일 먼저 듣는다. 당신이 제일 먼저 의논을 하는 분은 하나님이시다. 좋은 생각이다.

그러나 당신이 밤에 잠자리에 들기 전에 하나님과 대화를 했다고 가정해 보자. 그렇다면 당신은 하나님을 가장 마지막으로 놓아 둔 셈이 되는가? 또는 당신이 하나님을 처음으로 놓았는데, 당신의 하루는 다만 그 전날 저녁부터 시작된다고 할 수 있겠는가? 또 당신이 정오에 기도 시간을 가졌다고 해 보자. 그렇다면 그것은 당신이 하나님을 중간 쯤에 놓았다고도 생각할 수 있는가? 또는 하나님은 여전히 처음이시고, 다만 당신의 하루가 정오부터 시작되는 것인가? 당신이 어느날 늦게 일어났기 때문에 할 수 없이 하나님과의 시간을 보내지 못하고, 곧바로 직장으로 달려갔다고 해 보자. 그렇다면 그런 경우에 하나님은 완전히 순서에서 빠져 버렸고, 당신의 우선 순위는 엉망이 된 채 그날은 하나님을 위해서 살 수 있는 다른 방법이 없다는 것을 의미하는가?

"잠깐만요!" 당신은 이렇게 말을 할 것이다. "나는 내가 그 의미를 이해했다고 생각했는데, 당신이 설명을 하면 할수록 점점 더 혼돈이 되고 있습니다. 분명하게 설명해 주시기 바랍니다."

그에 대한 설명은 나중에 하게 될 것이다. 좀더 연구해 보기로 하자.

마샤는 성장하고 있는 크리스챤으로서 같은 질문에 대한 해답을 찾고 있었다. 잠시 그녀가 자기 자신에게 하는 대화를 들어보자.

"자, 마샤. 하나님을 제일 우선 순위로 놓는 사람이 되려면 성경공부와 기도하는 데 얼마만큼의 시간을 보내야 할 필요가 있을까?"

"십오 분?"

"그것은 너무 적은 시간인 것 같은데"

"그럼 삼십 분?"

"그것이 더 좋겠군. 그러나 그것도 여전히 최우선 순위로 할애된 것 치고는 너무 제한된 시간인 것 같아. 진정으로 하나님을 최우선으로 — 네 마음을 다하며 목숨을 다하며 뜻을 다하여 — 제한되지 않은 제일 첫 번째 자리에 놓는다면 어떻게 해야 할까? 하루 동안의 주어진 시간 중에서 얼마만큼을 말씀과 기도에 보내야 할까?"

"아침 시간 전부."

"그렇게 인색하게 하지 말자. 우리는 지금 전적인 헌신에 대해서 이야기를 하고 있는거야. 정말 모든 것을 몽땅 바치는 것, 뜨거운 열정, 광신자적인 열성말이야!"

"낮 시간의 전부."

"이제야 제대로 이야기가 되어 가는군. 그러나 아직도 조금은 미비한 것 같다. 완전한 헌신이 되려면 조금 더 시간을 써야 하겠는걸."

"그럼, 낮과 밤 전부?"

"그렇지! 24시간 동안 말씀과 기도로 보내는 것, 그것이야말로 하나님을 최우선 순위에 놓는다는 것을 의미하지."

과연 그럴까? 누군가 말했듯이 어떤 한 사람이 좋은 생각을 내면, 또 다른 사람은 그것을 극단적으로 밀고 나가는 경향이 있다. 바로 마샤의 대화가 그런 경우이다. 우리는 갑자기 빛나는 헌신을 이야기하다가 영적인 어리석음의 극단으로 빠지고 말았다. 만약 당신이 하루 24시간을 말씀과 기도로 보낸다면 당신은 그날 해야 할 다른 많은 중요한 일들을 방치하게 되는 것이다.

그렇다면 하나님을 최우선 순위로 놓는다는 의미가 우리의 목록에 제일 첫 번째로 적는다는 뜻도 아니고 또한 하루의 시작에 놓는다는 뜻도 아니라면 도대체 무엇을 의미하는가? 다음의 경우는 어떤가 보자. 그것의 의미는 내가 무엇인가를 하기 전에 항상 하나님을 생각한다는 것이다. 자동차 시동을 걸기 전에 하나님을 생각하고, 자동차를 집에서 후진하여 운전해 나갈 때도 하나님을 생각하며, 내가 물건을 살 때도 하나님을 먼저 생각한다는 것이다(최소한 10불이나 그 이상의 물건을 구입할 때마다). 이 생각들이 때로는 맞는 이야기이다. 나는 차에 시동을 걸기 전에 언제나 안전 벨트를 먼저 착용한다. 차를 집에서 후진해 나갈 때도 나는 뒤편에 다른 차가 오는지, 혹은 뒤에 있는 아이들이 모르고 있지는 않은지, 개들이 왔다갔다 하지 않는지를 먼저 살핀다. 물건을 사기 전에 은행에 돈이 얼마나 남아 있는지를 알아본다. 결국 하나님을 최우선으로 놓는다는 것은 항상 하나님에 대해서 생각한다는 것을 의미하는 것도 아니다.

그렇다면 그것은 내가 중요한 결정을 할 때마다 하나님께 먼저 의논한다는 것을 의미한다고 생각해야 하는가? 도대체 그 중요한 결정이라는 것은 어떻게 구분짓는가? 지난 주에 나는 카메라에 부착하는 200불짜리 망원 렌즈를 하나 샀다. 그 정도면 중요한 결정에 속하는가? 그렇다면 어떻게 망원 렌즈에 대해 하나님과 의논하는가? 나는 또한 3불을 주고 필름 한 롤을 샀다. 그것은 사소한 결정인가? 내가 만약 백만장자이거나 돈이 하나도 없거나 또는 카메라가 없다면, 앞에 말한 두 가지 상품은 서로 다르게 평가가 되어야 하지 않겠는가?

이제 당신은 하나님을 중요한 결정에만 연결시키려고 하는 데 대한 모순을 발견했을 것이다. 성경은 오히려 그것에 반대하여 무엇을 하든지 다 하나님의 영광을 위해서 하라고 했고, 또한 사람이 무슨 무익한 말을 하든지 심판 날에 이에 대하여 심문을 받으리라고 했다(고전 10 : 31 ; 마 12 : 36).

그러면 하나님을 최우선으로 놓는다는 것은 도대체 무슨 뜻인가? 내가 어떤 종교적인 일들로 활동하는 것을 말하는가? 기도하고, 말씀보고, 묵상하며, 성경 말씀을 암송하고, 교회 예배에 참석하는 데 시간을 보내는 것을 말하는가? 그렇다면 다시 기본적인 질문을 할 수밖에 없다. 즉 얼마만큼의 시간이 과연 충분한 시간인가? 하나님을 최우선 순위에 놓기 위해서는 얼마만큼 성경을 암송해야 하는가? 내가 성경 구절을 조금이라도 틀리게 인용한다면 하나님이 당장 최우선 순위에서 물러나게 되는가? 하나님을 최우선 순위에 놓기 위해서 나는 얼마만큼의 돈을 헌금해야 하는가? 얼마나 오랫동안 묵상을 해야만 하나님께서 내가 그를 제일 우선으로 생각한다는 것에 동의하실까? 좀더 나아가서 지금까지 말한 것들은 모두 하나님 중심적인 것(God-centered)이 아닌가? 나 자신이나 다른 사람들도 여기에 속해야만 되지 않는가?

당신은 점점 더 뭐가 뭔지 모르겠다고 말을 할 것이다. 나도 동감이다. 종교적인 사람들은 어떤 상투적인 용어에 집착하게 되면 그 의미를 파악했다는 생각이 들 때까지 계속 반복하여 사용하는 경향이 있다. 아마 그 의미가 그들에게는 파악이 되었을지는 몰라도 실제 상황에 살고 있는 우리-또는 다른 사람들-는 이해하지 못한 경우가 많이 있다. 우리는 우리가 사용하는 종교적인 상투어들을 단순화하고 분명히 이해하는 작업을 끊임없이 해야 할 필요가 있다.

'하나님을 최우선 순위로 놓는다.'라는 말은 애매모호하고, 혼돈만 가져다 주는 상투용어일 가능성도 많이 있다. 나는 그 어구를 쓰지 말자고 말하고 싶다. 그러나 만약 우리가 그 어구를 계속해서 사용하고 싶다면 성경적으로 연구를 하여 그것의 실제적인 의미를 밝혀 내야만 한다. 그것이 바로 이 책이 의도한 목적 중의 하나이다.

가족을 두 번째 순위에?

가족을 두 번째 위치에 놓는다는 말의 의미가 분명치 않다면 어떻게 가족을 두 번째의 위치에 놓는다는 말이 이해될 수 있겠는가? 기본적인 산수를 이해 못하는 사람이 어떻게 미적분학에 손을 댈 수가 있겠는가? 그렇지만 여기에서는 이것을 이해해 보도록 노력해 보자.

시간, 바로 그것이 정답이다. 하나님께 드리는 시간보다는 가족을 위해 시간을 조금 더 보낸다는 것이 제대로의 의미이다. 이것이 가족을 두 번째 순위에 놓는다는 진정한 의미인가? (생각 : 만약 우선 순위가 시간이라는 개념과 연결된다면 그리고 하나님이 최우선 순위라면, 우리는 모든 시간을 이미 하나님께 사용해 버리지 않았는가?)

"아니지요."라고 누군가 답변한다. "그것은 단순히 얼마만큼의 시간을 보냈는가 하는 양적인 시간을 말하는 것이 아니라 질적인 시간을 말하는 것입니다."라고 주장한다. 그렇다면 그 말은 가장 높은 질의 시간은 하나님께 드리고 다음에 그보다 질이 한 단계 낮은 시간은 가족과 함께 보낸다는 것을 의미 하는가? 물론 그런 것은 아닐 것이다. 그렇다면 아침에 일어나자마자 제일 처음하는 일이 하나님과 대화하는 것이고, 두 번째가 가족과 이야기하는 것이 바로 그것의 올바른 의미일지도 모른다.

그 이론에 따라서 피트는 아침 여섯 시에 애써 일어나서 한 시간 동안의 질적인 시간을 하나님과 대화하고 그의 말씀을 들으며 보낸다. (물론 그의 24시간의 주기 중에서 이른 아침이 그에게는 가장 효과적이며 그렇기 때문에 그가 드릴 수 있는 시간 중에서 가장 질적인 시간이라는 것이 가정되어 있다) 피트는 7시에 부인 매지와 아이들을 깨우고 가족이 한 자리에 모일 수 있는 방에 모두를 불러 모으고는 우선 순위의 두 번째 위치에 가족을 놓기 위해서 45분 가량(하나님은 최우선 순위이기 때문에 1시간을 차지한다) 함께 대화를 한다. 토요일은 모두가 늦잠을 자기 때문에 하나님과의 순서도 당연히 취소된다. 일요일은 피트와 매지가 이른 아침에 예배를 참석하므로 하나님이 첫째 순위를 차지하고, 예배 후에 주일 공과 공부 시간에 참석함으로 가족은 완전히 두 번째 위치가 된다. 나도 동감이다. 지금까지 설명한 것들은 두 번째 순위에 대한 개념이 무엇인가를 가르쳐 주기는 커녕, 오히려 어리석음에 가깝다.

가족에게 두 번째 순위 정도만큼만 관심을 준다는 것이 가능한가? 시합에서 일등은 금메달, 이등은 은메달을 차지한다. 크기는 같지만 색상과 내용은 다르다. 이런 비유가 이해하는데 도움이 되는가? 하나님은 우리의 최선을 받으셔야만 한다. 즉 금메달이다. 가족은 그 다음 순위인 은메달이다. 하나님은 항상 승리의 위치이다. 그것은 좋은 일이다. 그러나 가족은 승리할 수 있는 위치가 결코 아니다. 그것도 좋다고 할 수 있겠는가?

진짜 다른 또 하나의 문제점은 하나님께 대한 나의 의무를 마치고, 언제 두 번째로 가족에 대한 나의 의무를 시작할 수 있는가를 결정하는 것이다. 정확히 언제 하나님을 최우선으로 놓는 일이 끝이 나는가? 이것을 알아야만, 나의 가족에 대해 관심을 가질 수가 있다.

피트도 역시 그것을 알 필요가 있다. 아침 6시는 이른 시각인가? 한 시간 정도면 충분한가? 일 주일 중 다섯 번이면 만족한가? 피트의 성경 지식은 충분히 있는가? 하나님과의 교제는 충분히 깊은가? 만약 그렇지 않다면 그는 하나님이 첫 번째 위치로 완전히 굳어지기 전까지는 하나님과의 시간을 더 많이 할애하는 반면에 가족과의 시간은 좀더 줄여야 하지 않겠는가? 하나님께서는 언제 그리고 어떻게 이 모든 정보를 피트에게 알리실 것인가?

"그런 것이 아닙니다. 그런 것들은 전혀 문제가 되지 않아요."라고 당신은 말할 것이다. 만약 우선 순위를 정해 놓고 첫 번째, 두 번째, 세 번째 등으로 그것의 순위를 정했다면, 우리는 그 순서대로 삶을 살아야 한다. 그러나 실제로 우리는 그렇게 살지 못한다. 우리는 삶의 상황에 따라서 거기에 맞추어 산다. 실제 생활에서 당신은 우선 순위를 순차대로 놓는 것이 아니라, 상황에 따라 우선 순위를 정한다. 더 나아가서 우리가 하나님을 첫 번째 우선 순위로 따로 분리시켜 놓지만 않는다면, 어떤 상황에서도 하나님을 연관시키는 것은 가능해 진다.

교회를 세 번째 순위에?

교회를 어떻게 가족 다음에 위치하게 하는가? 가족에게 필요한 것을 먼저 마련한 후에 그 다음에 교회를 생각한다는 뜻인가? 먼저 아내와 자녀들을 위해 할 일을 다한 후에 교회에 가는 것을 의미 하는가? 이런 식의 질문들에 대해서 생각해 보라. 그리고 그것들을 조심스럽게 잘 분석해 보라. 왜냐하면 우리가 만약 가족을 두 번째에, 그리고 교회를 세 번째 위치에 놓으려고 한다면, 우리는 그것을 지키기 위해서 차례차례 단계를 밟아야만 하기 때문이다. 이 질문들을 잘 분석해 본다면 당신은 그것들이 여러 가지 의문과 모순으로 가득 차 있다는 것을 발견하게 될 것이다.

당신은 어떻게 교회를 세 번째 위치에 놓는가? 세 번째라는 의미는 도대체 무엇인가? 그것은 교회 참석에 관계되는 어떤 요소를 말하는가, 예배 시간에 요구되는 사항들인가, 어느 정도의 헌금을 말하는가, 어떤 종류의 봉사나 참여, 또는 의무를 준수할 것을 의미하는가? 만약 당신이 여름에 몇 주 동안 피서를 겸하여 여행을 떠났다면 그 동안 당신은 세 번째 위치에 교회를 둘 수가 없다. 그렇다면 당신이 여행에서 돌아왔을 때 그 동안 못했던 일에 대한 균형을 맞추기 위해 교회에 더 많은 시간을 투자해야만 된다는 것인가? 만약 가족에 대한 당신의 의무가 태만시 되었을 때라면, 당신은 가족에 대한 우선 순위를 지키기 위해 잠시 교회에 대한 의무를 제쳐 놓을 수가 있겠는가? 교회에 대한 태만이나 가족에 대한 태만 중에서 어떤 것이 더 나쁜가? 하나님과의 개인적인 헌신의 시간, 가족과 보내는 시간, 또는 주일 예배 시간 등, 이 중에서 어떤 것이 더 중요한가? 당신의 이제 무엇인가 문제점을 파악하기 시작했는가? 순차적인 우선 순위 방법은 결코 우리의 문제점을 해결해 주는 열쇠가 될 수는 없다. '교회를 세 번째 순위에 놓는다'라는 말은 분명한 해석이 요구된다.

일(work)을 네 번째 순위에?

일을 시간으로 계산한다면 결코 우선 순위 목록에서 네 번째 위치가 될 수 없다. 대부분의 사람이 하루 평균 여덟 시간 정도를 일한다. 그 시간이면 하나님과 가족, 그리고 교회를 위해 보내는 시간을 다 합친 것보다도 더 많다. 그렇다면 일하는 시간을 줄일 필요가 있지 않은가? 그러나 그렇게 되면 자연히 보수가 낮아지고 그 결과로 가족을 부양하거나, 교회에 헌금하는 것이 어려워짐으로 가족과 교회의 적절한 우선 순위를 유지하는 것이 되지 못한다. 일단 일하는 시간은 여덟 시간 그대로를 지키는 것이 현명할 것이다.

매리는 세 자녀를 키우고 있는 주부로서, 따로 직업이 없이 집안을 돌본다. 그녀는 온 종일 열심히 일한다. 집안 일이 그녀의 직업인가, 아니면 가족에 대한 의무인가? 어머니와 가정 주부에게는 가족과 직업이 서로 융합된 것처럼 보인다. 물론 그녀가 하나님을 최우선으로 하기 위해 하루 종일 기도로 시간을 보낸다면 방금 말한 것은 모두 무효가 된다.

잭은 또 어떤가? 그는 수입을 늘려서 아내와 아이들에게 좀더 좋은 것을 마련해 주고 교회에 헌금도 더 많이 하기 위해서 하루 열 시간 내지 열 두 시간을 일한다. 그는 가족의 물질적인 필요를 공급해 주기 위해서 가족과 함께 보내는 시간이 많지 않기 때문에 가족을 등한시 하는 경우가 종종 있다.

필은 여행을 많이 한다. 그의 직업상 그는 자주 가족과 교회를 남겨 두고 여행을 해야 한다. 필은 필요 이상으로 그의 직업에 높은 우선 순위를 두고 있는가? 미혼 남녀들의 경우는 어떠한가? 그들에게는 가족에 대한 어떤 의무들이 없기 때문에 우선 순위의 목록에서 일과 교회를 좀더 위로 올릴 수 있는가?

우리는 어떻게 일을 교회 다음 순위에 적어 넣을 수 있는가? 그 말은 직업상 모이는 연회석에 가기보다는 항상 교회에서 하는 친교 모임에 참석해야 한다는 것인가? 교회 임원 모임에 참석하기 위해서 근무 시간 외에 일할 기회를 포기해야 하는 것인가? 회사 판매원들의 회의에서 발표할 것들을 준비하는 대신에 주일학교 공과 공부를 준비해야 된다는 것인가?

그런 것들은 다 웃기는 이야기라고 당신은 말할 것이고, 나도 역시 그것은 어리석다고 생각한다. 하나님께서는 결코 내가 이제까지 질문해 온 것 같은 그런 질문들을 우리에게 하실 생각이 전혀 없으시다. 왜냐하면 하나님께서는 우리들에게 첫 번째-두 번째-세 번째-네 번째 등의 우선 순위 목록을 정하라고 가르치신 일이 없기 때문이다.

전도를 다섯 번째 순위에?

당신은 성경 공부를 하고, 기도하고, 아내 또는 남편 그리고 자녀들을 돌봐주고, 교회에서 적절한 봉사를 하며, 여덟 시간 동안의 근무를 마친 후에야 비로소 전도할 수가 있다. 정답인가? 아니다. 그것은 정답이 될 수 없다고 당신은 말할 것이다. 전도는 항상 하는 것이다. 가정에서, 교회에서, 직장에서 어디를 가든지 누구를 만나게 되든지, 그리고 가능하다면 무엇을 하든지 무엇을 말하든지 다 전도와 관련을 지어야 한다.

그러면 왜 전도를 다섯 번째의 우선 순위로 정했는가? 왜 전도를 제일 끝에서 두 번째 순서로 정했는가? 다른 것들이 더 중요하기 때문인가? 인간을 구원하는 것보다 더 중요한 것이 또 있겠는가?

어떻게 전도하는 것을 일 다음의 목록에 넣을 수 있는가? 당신은 어느 정도의 기술을 습득하고, 또 어느 정도 수준의 봉급을 받은 후에야 동료들에게 예수님을 전하는가? 아니면 당신은 여덟 시간 동안의 근무를 끝내고 같은 차로 같이 집에 오는 길에 전도를 하는가? 전도는 일 다음 순서에 와야 한다고 주장하는 것은 마치 숨쉬는 일은 무엇을 삼킨 다음에 해야 한다고 주장하는 것과 같다. 때로는 그럴 수도 있지만 또 때로는 그렇지 않을 수도 있다. 한 가지 분명한 것은, 당신은 두 가지 모두를 해야 한다는 것이다. 전도의 경우, 위의 비유는 적절하지 않다. 왜냐하면, 당신이 음식을 삼키면서 동시에 숨을 쉴 수는 없지만 일하면서 동시에 전도할 수는 있기 때문이다. 그렇기 때문에 전도를 다섯 번째 순위에 놓는 것은 비성경적이기도 하면서 또한 불가능하다.

자기 자신을 제일 마지막 순위에?

자기 자신을 제일 마지막 순위로 놓는 것이 과연 무엇을 의미하는지를 설명할 좋은 생각이 있는가? 그것은 앞의 다섯 가지 순위를 제대로 잘 처리한 후에 시간이 조금이라도 남았다면 비로소 나 자신을 돌아 볼 수 있다는 의미인가? 아니면 실제적으로 나 자신에게는 아무 관심도 기울여서는 안된다는 것을 의미하는가? 제일 마지막 순위라는 말은 결국 목록에서 빠져야 한다는 것을 나타내는 것은 아닌가? 그렇다면 나의 존재의 유일한 이유는 바로 다른 모든 우선 순위들을 성취하기 위한 것이 된다.

누구든지 이와 같이 자신을 마지막 순위로 제쳐놓는 식의 삶을 살 수가 있다. 종(Rev. B.A.Servant)이라는 목사님이 계셨는데, 그는 상담을 해 주기 위해 식사를 거르고, 공부하기 위해 늦게까지 잠자리에 들지 않고, 모임에 참석하기 위해 아침에 일찍 일어나는 등, 성직자의 일을 위해 자신의 건강을 희생시키는 모든 일을 다 한다. 좀 이상한 이유이긴 하지만 자기 자신이 힘들고 어려운 것에 대해서 그는 상당히 기분좋은 쾌감을 느끼고 있다. 젊은 엄마의 경우도 마찬가지이다. 그녀는 막 태어난 아기를 위해 전력을 다하느라고 자신의 개인적인 요구는 모두 무시해 버린다. 학생들의 경우도 정서적, 사회적, 육체적인 영역의 필요들은 일체 무시해 버리고 지적인 추구에만 집착하는 경우를 볼 수 있다. 아마도 이런 '자기를 최후(Self-lastism)'로 라는 사상의 전형은 겸손이라는 사람(I.M. Humble)일 것이다. 그런 사람은 겸손, 무명(無名), 열등이라는 단어가 모두 비슷한 의미들이라고 확신해 버린다.
우리는 실제로 우리 자신을 목록에서 제외시켜 버릴 수는 없다. 자기 자신을 위해 얼마만큼의 시간을 사용하는지 한번 생각해 보라. 여섯 시간에서 여덟 시간 정도는 수면을 취하고, 두세 시간 정도는 식사 시간으로 보내고, 몸치장에 한 시간 정도는 소비하고, 신문이나 책을 읽는 시간, 텔리비젼을 보는 시간, 휴식이나 방문, 쇼핑, 조깅, 사냥, 낚시질, 여행할 시간 등도 필요로 한다. 만약 우선 순위가 얼마나 시간을 투자했느냐로 정해진다면, 바로 당신 자신은 첫 순위를 차지하게 될 것이다.
당신은 식사, 수면, 몸단장, 독서 등에 좀더 적은 시간을 소비할 수도 있을 것이다. 그러나 당신이 진정으로 다른 우선 순위들을 잘 지켜 나가기 위해서는 좀더 많은 수면을 취해야 하고, 음식도 더 잘 섭취해야 하며, 휴식도 더 많이 규칙적으로 가져야만 한다. 때로 사람들은 우리 자신을 인생의 어떤 장면에서 완전히 사라지게 해야만 하나님께서 진정으로 일하실 수 있다고 말하고 또 어떤 사람들은 우리 자신이 그 장면들 속에서 중요한 부분을 차지하며, 하나님께서는 바로 우리를 통해서 일하시고 또 일하시기를 원하신다고 말한다.

그런데 잠깐…
여러분은 이제까지의 토론에 대해 어떻게 생각하는가? 내 예감에는 여러분 중에 어떤 이들은 조금 좌절감을 느끼리라고 생각한다. 또 어떤 이들은 이 토론을 재미있게 즐겼으리라 생각한다. 그리고 몇 명은 무척 화가 났으며, 몇 명은 혼돈을 느꼈을 것이라고 생각한다. 당신은 당신의 주장이 잘못 전달되었다고 느끼는가? 아니면 과장되었다고 느끼는가? 내가 순차적인 우선 순위에 대한 영역 속에서 여러분의 사고를 자극시켰다면, 일단 나의 목적은 달성된 셈이다.
나의 요지를 분명히 전달하겠다. 우선 순위의 목록이라는 것은 전혀 말이 되지 않는다. 지적으로 설명 될 수도 없고 쉽게 이해될 수도 없다. 논리적으로 그렇게 실천할 수도 없다. 당신이 아무리 당신의 입장을 재정리해서 잘 설명한다고 해도, 그것이 순차적인 방법이라면 그것은 모순과 복잡함, 그리고 극심한 혼란으로 가득 차 있다는 것을 부인할 수가 없다.

그렇다면 해결책은 무엇인가? 현재 정해 놓은 그 우선 순위 목록을 다듬고 재조정하는 것인가? 그렇다고 생각하지는 않는다. 다만 내가 믿기로는 정해진 우선 순위 목록은 비실용적일 뿐 아니라 비성경적이다. 나는 또한 성경 속에서 우선 순위의 좋은 예를 발견할 수 있다고 믿는다. 계속 읽어보라.

제 2 부

성경 속에서의 새로운 고찰

제 4 장
우선 순위에 대한 중심 구절

나는 몇 년 전부터 우선 순위의 주제를 다루고 있는 기본적인 중심 구절을 성경 속에서 찾고 있다가 마침내 그것을 발견했다. 이것이 유일한 구절은 아니지만 아주 좋은 구절임에는 틀림이 없다. 그 구절은 바로 마태복음 22장 34절에서 40절까지 이다. 이 본문에서 바리새인 중에 한 사람이 예수님께 질문을 던진다. 그리고 예수님께서 하신 대답은, 내가 믿기로는, 우선 순위에 대한 기본적이고도 성경적인 원리를 구성할 수 있는 뼈대를 형성하는 것이다. '최고의 우선 순위에 대한 진리'를 본문 속에서 함께 살펴보도록 하자.

마태복음 22 : 34~40의 해석

질문자

본문을 살펴 보면서 첫째로 내가 알고 싶은 것은 '누가 질문을 던졌는가?' 하는 것이다. 질문을 한 자는 어떤 바리새인이었는데, 그는 구약 성경에 대해서는 전문가였다(22 : 34~35). 그는 구약에 나와 있는 율법들 하나하나의 의미와 상대적인 중요성을 연구하는 사람이었다. 그는 구약에 나오는 율법들 613가지에서 248가지는 긍정적인 것으로, 365가지는 부정적인 것으로, 어떤 것들은 큰 계명들로, 어떤 것들은 작은 계명들로, 어떤 것들은 무거운 계명들로,

어떤 것들은 가벼운 계명들로 구분하여 믿고 있었다. 그는 철저한 열성적 율법주의자로서 각 계명들의 해석과 중요성에 대해서 장시간의 토론을 이끌어 나갈 수 있는 자였다. 이런 배경을 가진 그가 예수님께 질문을 한다. "선생이여, 율법 중에 어느 계명이 크니이까?"

동기

그가 질문한 동기는 무엇이었는가? 방금 예수님을 궁지에 몰아넣으려다가 자신들이 오히려 궁지에 몰린 사두개인들보다 예수님께서 더 잘 답하실 수 있는지를 알아보기 위해서였다(22 : 23~33). 그는 또한 예수님을 시험해 보기를 원했다(22 : 35). 곧 다른 말로 표현하자면, 그는 대답하기 까다로우면서도 쉽게 논쟁의 대상이 될 수 있는 그런 질문을 던진 것이다. 비록 그의 동기는 순수하지 않았지만, 그래도 마가복음에 기록된 같은 사건을 대조해 보면 그의 태도 자체는 완전히 부정적인 것만은 아니었다(막 12 : 28~34).

질문

바리새인의 질문 동기에 대해서는 분명히 알았으므로, 지금은 그의 질문 내용이 무엇이었는가를 살펴보자. "선생이여, 율법 중에 어느 계명이 크니이까?" 613가지의 율법들 중에서 어느 것이 가장 큰가? 곧 어느 것이 가장 최우선 순위를 차지하는가? 유대인 랍비들은 흔히 여러 가지 계명들에 대해서 토론했고, 그 중에서 어느 것이 가장 중요한 율법인가 하는 질문을 자주 거론했었다. 지금 그들은 예수님의 의견을 묻고 있다.

대답

예수님의 답변은 무엇이었는가? '네 마음을 다하고 목숨을 다하고 뜻을 다하여 주 너의 하나님을 사랑하라(22 : 37)' 예수님께서는 신명기 6장 5절을 인용하시면서, 이것이 가장 중요한 계명이라고 말씀하셨다. 인간에게 하나님에 대한 완전한 사랑의 헌신을 명령하셨다.

계속 더 살펴보자. 예수님은 이 명령을 어떻게 구분하셨는가? '이것이 크고 첫째되는 계명이요(22 : 38)' 예수님께서는 하나님을 사랑하는 것이 명령 중에서는 가장 높은 순위를 차지한다는 것을 듣는 자들에게 분명히 인식시키기 위해 '크고', '첫째되는' 이란 두 단어를 사용하셨다.

아직도 더 살펴볼 것이 있다. 예수님께서 덧붙이신 다른 계명은 무엇이었는가? '네 이웃을 네 몸과 같이 사랑하라(22 : 39)' 예수님께서는 레위기 19장 18절을 인용하시면서, 첫 번째와 함께 두 번째 계명을 더하셨다. 우리는 하나님과 우리의 이웃을 사랑해야 한다. 이웃이란 우리 가까이에 있는 사람, 또는 우리가 알고 있는 사람들을 말한다.[1] 여기에서 말하는 사랑의 속성은 '네 몸같이'라는 귀절에 표현되어 있다. 그 사람이 누구인가에 관계없이, 내가 나 자신을 돌보는 것과 같이 적극적이고도, 진정으로 아끼는 태도로 사랑하는 것을 말한다.[2]

여기에 주목해야 할 주요 사항이 있다. 예수님께서는 이 계명을 어떻게 분류하셨는가? 그는 이것을 방금 이야기한 계명과 '같은' '두 번째' 계명이라고 분류하셨다. 여기에서 두 번째란, 중요성에 있어서 두 번째 위치를 차지한다는 뜻이 아니다. 왜냐하면 이 두 계명은 서로 등급이 지어진 것이 아니라 나열되어 있기 때문이다.[3] '그와 같으니'에서 '같으니'라는 단어가 두 계명이 서로 동등하고 연관된 중요성을 가지고 있다는 것을 나타내 준다.[4]

'같으니'라는 단어는 중요하다. 어떤 의미에서 두 번째 계명이 첫 번째 계명과 '같다'는 것인가? '같으니'라는 단어는 바로 전에 진술된 문장과 연결지어 해석하는 것이 가장 좋다. 그러므로 두 번째 계명도 역시 '크고 첫째되는 계명(22 : 38)'으로써 첫 번째 계명과 '같은' 위치를 차지한다. '결국 예수님께서는 어떤 한 계명이 우위를 차지하는 것이 아니라 두 계명이 같이 합하여 율법의 본질을 구성한다는 것을 율법사에게 말씀하신 것이다'.5) 두 번째 계명이 첫 번째 계명과 같다는 것은 두 계명 모두 사랑과 자기 자신 그리고 구약의 개념들을 포함하고 있고, 또 두 계명 모두 자기 자신을 넘어서 다른 사람에게 있다는 점에서도 분명히 나타난다. 두 계명이 비록 대상에 있어서는 차이가 있지만 여러 가지 비슷한 점이 많이 있고 또한 중요성에 있어서도 동등하다.

이 성경 본문에서 마지막 절은 강력하면서도 이제까지 진술한 것을 강화시키는 요약의 역할을 한다. 40절은 두 계명에 대해 어떤 결론을 내려 주는가? '이 두 계명이 온 율법과 선지자의 강령이니라 (NASB : On these two Commandments depend the whole Law and the Prophets)'. 여기에서 영어의 'depend'란 단어는 매달다(hang) 또는 걸다(suspend) 등으로 해석될 수 있다. 즉, 이 두 계명이 구약 전체를 바로 온 율법의 본질을 구성하며 요약한다고 말할 수 있고, '율법의 의미에 대해 정확성을 부여함으로써 율법을 올바로 해석 할 수 있도록 도와 준다'.6) 두 계명이 모두 최상의 중요성을 가지고 있을 뿐 아니라, 필연적으로 서로 연결되어 있고 나아가서 구약 전체에까지 연결되어 있다.

마태복음 22 : 34~40의 요약

이제까지 배운 것을 정리해 보자. 성경의 가르침의 본질과 인간의 의무가 바로 이 두 계명들 속에 포함되어 있다. 그것은 바로 하나님을 사랑하고 이웃을 사랑하는 것이다. 하나님께서 이것보다 덜 요구하셨다면 분명히 내용을 줄였을 것이고, 더 요구하셨다면 필요한 내용들을 더하셨을 것이다. 앞의 두 계명은 인생에서 우리에게 정말 중요한 것이 무엇인가를 정확하고도 분명하게 보여주고 있다.

본문에 따르면 두 계명들은 중요성에 있어서 동등하다. '두 번째 계명은 중요성에 있어서 두 번째가 아니라, 단순히 최고의 계명을 함께 형성하면서 두 번째로 언급이 되어있을 뿐이다.'7) 두번째 계명의 특질과 성격은 바로 첫 번째의 그것과 '같다(Like).'[8] 바리새인은 율법 중에 큰 계명으로 어느 한 가지를 요구했다. 예수님께서는 결국 그 질문에 적절히 답하기 위해서는 두 계명이 다 필요하다는 것을 보여주신 것이다. 예수님이 성경의 다른 곳에서 하신 말씀으로 다시 표현한다면 '이에서(어떤 계명도 이 두 계명보다) 더 큰 계명이 없느니라 (막 12 : 31, 해설 괄호는 저자가 삽입한 것임).'

우리는 간단하지만 심오한 진리를 배웠다. 인간의 기본적인 의무는 하나님을 사랑하고 이웃을 사랑하는 것이란 두 측면으로 나타난다.

마태복음 22 : 34~40과 우선순위

이 본문은 우선 순위에 대해 우리에게 무엇을 가르쳐 주고 있는가? 분명한 것 두 가지로 하나님과 이웃이 있다. 이 두 가지는 순차가 있는 것이 아니며, 어떤 일정한 시간 동안 그리고 어느 정도까지만 하나님을 사랑하고 그 다음에 이웃을 사랑하라는 것이 아니다. 이것은 하나님을 사랑하고 그와 동시에 이웃을 사랑하라는 것이다. 즉 두 가지를 다 하라는 뜻이다. 두 가지를 지금 당장 하라는 것이며, 항상 하라는 명령이다. 예수님께서는 '하나님을 첫 번째로 놓으라'고 말씀하셨으며, 또한 동시에 '너의 이웃을 첫 번째로 놓으라'고 말씀하신다. 다른 말로 하면, '하나님께 최우선 순위를 드리라'고 하시면서 또한 '너의 이웃에게도 최우선 순위를 두라'고 말씀하신다.[9]

우리는 이 우선 순위라는 말 대신에 다른 말을 찾아 볼 필요가 있다. 왜냐하면 우선 순위라는 단어 자체가 순서와 지위의 의미를 내포하고 있기 때문이다. 곧 우선 순위란, 어떤 것이 다른 어떤 것보다 더 중요하다는 것을 의미한다. 그러나 여기에서는 그런 의미로 쓰인 것이 아니다. 하나님이 첫 번째이고 다른 이웃들이 두 번째, 또는 세 번째, 네 번째, 등등을 의미하는 것이 아니다. 예수님께서는 순차적 우선 순위들을 열거하신 것이 아니며, 성경적이면도 기본적인 의무들을 설정하신 것이다. 예수님께서는 "여기에 인생의 두 가지 가장 중요하고도 의미있는 관계가 있다. 바로 하나님과 너희 이웃이다."라고 말씀하시면서 거기에 덧붙여 "그 두 관계 속에 기본적인 의무가 있는데, 그것은 바로 사랑이다."라고 말씀하신 것이다.

성경은 우리가 가지고 있는 중요한 관계와 그 관계 속에서 우리의 의무를 강조하고 있다. 성경은 우리가 전통적으로 알고 있는 '우선 순위의 목록들'을 제시하지 않는다. 우리는 이 책의 나머지 부분에서 우선 순위를 토론함에 있어 기본적인 관계와 의무에 대해 다룰 것이다. 예수님께서는 하나님께 대한 의무가 이웃에 대한 의무보다 더 중요하다고 말씀하시지 않으셨다. 그분은 또한 나의 이웃에 대한 의무가 하나님께 대한 의무보다 덜 중요하다고도 말씀하시지 않으셨다. 예수님께서는 두 가지 다 중요하고 두 가지 다 의미있는, 하나님께서 우리에게 명령하신 의무들이라고 말씀하셨다.

마태복음 22 : 34～40과 자기 자신

이 본문은 우리 자신들에 대해서는 무엇을 가르쳐 주고 있는가? 마태복음 22장 34절～40절에 따르면, '나 자신' 역시 중요한 의미를 가지고 있다. 나는 하나님을 사랑하는 데에 있어서, 나의 마음과 목숨과 뜻을 다하여 사랑해야 하며, 이웃을 사랑하는 데에 있어서, 내 자신을 사랑하는 것 같이 사랑해야 한다. 나는 하나님을 사랑하고 이웃을 내몸같이 사랑하는 법을 배워야만 한다. 나는 하나님과 이웃 그리고 나 자신에 대한 의무들을 지속적으로 그리고 효과적으로 수행하여야만 한다. 만약 내가 여기에 대해 무지하거나 소극적이라면, 마태복음 22장 34절～40절에서 말씀하고 있는 나에게 주어진 의무들은 성취될 수가 없다. 내가 이 말씀을 분명히 깨닫고 그대로 순종할 때만이 이러한 의무들은 성취될 수 있다.

그 자체부터가 나를 중요한 존재로 만듦으로, 나는 나의 삶, 나의 성숙, 나의 관계들, 나의 의무들에도 최우선 순위를 두어야만 한다. 그러므로 나에 대한 모든 것 즉, 나의 생각, 나의 감정, 나의 결정들,

나의 신체, 나의 태도, 나의 성별, 나의 언어들, 나의 반응들이 다 중요성을 갖게 된다.

우리는 앞의 장에서 우리 자신들을 목록의 마지막 순위에 놓았다. 그것은 전혀 성경적이 아니다. 내가 하나님과 이웃에 대한 성경적 의무들을 수행하려고 한다면, 나는 나 자신에게 최우선 순위를 두어야만 한다. 하나님의 자리에 나 자신을 놓는다는 것이 아니라 하나님과 함께 위치한다는 뜻이다. 내가 하나님께 대해 갖고 있는 관계와 의무가 중요한 것 같이 나 자신에 대해 갖고 있는 관계와 의무도 똑같이 중요하다는 것이다. 하나님 다음에 이웃 그리고 그 다음에 나 자신의 순서로 이어지는 것이 아니라, 하나님과 이웃과 나 자신이 다 같은 순위에 있는 것이다. 우리 자신을 중요하지 않게 생각하면서 마태복음 22장 34절~40절을 해석할 수는 없다. 왜냐하면 우리 자신을 우선 순위의 목록 가장 마지막에 놓아둔다면 우리는 결코 두 계명들을 성취할 수 없기 때문이다.

그런데 잠깐…

우리 삶에 세 가지 중요한 우선 순위가 있다. 하나님, 다른 사람들, 그리고 나 자신에 대한 의무들이다. 이 세 가지는 서로 밀접하게 연결되어 있다. 좀더 강하게 표현하면 그들은 서로 풀 수 없도록 단단히 매어져 있다. 기도할 때 우리는 하나님을 사랑하며, 그것이 바로 하나님을 첫 자리에 놓는 것이기도 하다. 그러나 그것은 동시에 우리 자신을 첫째로 놓는 것도 된다. 왜냐하면 기도를 통해서 우리가 혜택을 얻기 때문이다. 성경 말씀을 암송하는 것이 하나님을 사랑하는 것이고, 그러므로 결과적으로 하나님을 최우선으로 놓는 것이 된다. 그러나 동시에 우리 자신도 말씀으로부터 유익을 얻고 우리의 필요도 요구한다. 우리가 하나님을 경배하고 찬양할 때, 하나님께서는 우리의 반응을 기뻐하신다. 그러나 또한 그러한 행동이 우리의 신앙 성장에 영향을 준다.

마찬가지로, 우리가 이웃에 대한 성경적인 의무를 수행할 때, 우리는 이웃을 첫째의 순위에 놓는다. 그러나 그러한 선한 일은 우리 자신에게도 여러 가지 긍정적인 영향을 미친다. 하나님과 이웃에 대한 성경적 의무들을 이행할 때에 우리 자신에 대한 의무도 그 가운데 항상 포함되어 있는 것이다. 어떤 점에서든 항상 주는 자이면서도 동시에 받는 자이다. 우리 자신이 개인적으로 그리고 전략적으로 참여하지 않으면 마태복음 22장 34절~40절의 요구를 결코 달성할 수 없다.

4장 주해

1) J. Duncan M. Derrett, "네 이웃을 네몸과 같이 사랑하라?" Expository Times, vol. LXXXIII, No. 2(Nov. 1971), p. 55. "이웃이란" 단순히 유대인들을 말하는 것이 아니다. 레위기 19 : 17~18, 누가복음 10 : 25~37의 선한 사마리아인의 비유, 그리고 레위기 19 : 34에 보면 유대인들은 동족과 그들 중에 있는 이방인, 타국인들을 사랑하도록 명령받았다.
2) Ibid(위와 같은책) "네 몸과 같이"라는 구절은 이웃과의 친밀함과 사랑의 질 모두를 강조한다.
3) Victor Paul Furnish, The Love Command in the New Testament (Nashville : Abingdon Press, 1972), p. 27. 저자는 마태복음과 마가복음에 나오는 큰 계명에 대해 자세히 연구했다. p. 24~34.
4) Ibid., pp. 26~27.
5) Ibid., p. 34. "마태복음에서는 이 두 계명들은 단순히 율법을 포함하고 있거나 부분적으로 가지고 있는 것이 아니라 율법 자체를 구성하고 있다." 데이비드 브라운(David Brown)의 부연 설명, "이것은 성경 전체를 한 마디로 간략하게 요약한 것이다. 인간

의무의 전 율법이 꼭 필요한 것만 요약되어서 표현된 것 같다. 사실 너무나 간단해서 어린아이 조차도 이해할 수 있고, 간결해서 모든 사람이 기억할 수 있으며, 또한 포괄적이어서 모든 가능한 경우를 다 포용하고 있다." The Four Gospels : A Commentary, Critical, Experimental and Practical.(London : The Banner of Truth Trust, 1969), p. 189.
6) Furnish, The Love Command, p. 27.
7) "여기에서 다른 계명과 함께 이 계명을 인용하는 이유는 하나님께 대한 사랑이 이웃에 대한 사랑을 포함한다는 데에 있는 것이 아니라, 물론 그것이 틀리다는 뜻은 아니지만, 두 계명이 그 질과 고아한 특성에 있어서 '똑같다'는 것을 나타내는 데에 있다." R.C. H. Lenski, The Interpretation of St. Mattew's Gospel(Minneapolis : Augsburg Publishing House, 1964), p. 882. 폴 브라운백(Paul Brownback)은 자기애(Self-Love)라는 주제를 다루면서, 이 두 계명들의 뗄 수 없는 관계에 대해서 언급했다. "우리는 어떤 것들은 직접적으로 하나님만을 위해서 한다. 예배가 그 한 예이다. 아마 유일한 예 일지도 모른다. 그러나 우리가 하나님을 위해서 하는 대부분의 일은 이웃을 사랑하는 것을 포함하고 그것은 하나님과 그의 영광을 위해서 하는 것이다. 그러므로 두 번째 계명은 첫 번째 계명을 수행해 나가는 데에 한 부분이며 또한 한 몫이라는 점에 있어서 첫 번째와 같다." The Danger of Self-Love(Chicago : Moody Press, 1982), p. 149.
8) 비교-Samuel J. Schultz, The Gospel of Moses(New York : Harper & Row, Publishers, 1974). 슐츠(Schultz)에 의하면, 이 두 계명들은 성경의 정수를 표현하고 있을 뿐 아니라, 누구든지 사후의 삶에 대해서 관심있는 사람을 위한 최소한의 의무에 대해 진술하고 있다(p. IX). 그는 구약과 신약에서 이 주제들을 다루고 있는 부분들을 고찰했다.
9) 갈라디아 5 : 14을 보라. "온 율법은 네 이웃 사랑하기를 네 몸같이 하라 하신 한 말씀에 이루었나니" 여기에서 하나님을 사랑하라는 말은 언급되지 않았다. 왜냐하면 한 부분이 전체를 대변했기 때문이다.

제 5 장

중요한 이웃의 선택

잰은 3명의 독신 직업 여성들과 함께 한 아파트에 같이 살고 있다. 그녀는 아파트 베란다에 앉아서 오늘 아침 교회에서 들은 목사님의 설교에 대해서 깊이 생각하고 있었다. 그것은 이웃을 사랑해야 한다는 크리스찬의 의무에 대한 것이었다. 프랭클린 목사는 이웃 사랑의 의미와 그것이 함축하는 바를 좀더 잘 이해하기 위해서 저녁 예배 시간까지 아침에 들은 설교 내용에 대해 질문을 준비해 오도록 성도들에게 부탁했다.

"글쎄, 먼저 내가 알고 싶은 것은 현재 여러 사람들과의 관계들 중에서 어떤 것이 제일 중요하며, 내가 사랑해야 하는 성경적인 관점에서의 중요한 이웃들은 과연 누구인가 하는 것이다."라고 잰이 중얼거렸다.

"그렇다면, 지금 함께 살고 있는 3명의 친구들이 이 영역에 속할 것이고, 그 다음 집에 가면 부모님들이 계시고, 그리고 결혼한 남동생이 톨리도(Toledo)에 살고 있고… 아참, 나의 남자 친구 데이비드도 빼놓을 수는 없지."

"또 누구 없나? 사무실에 있는 사람들, 라켓볼(racauetball) 클럽에서 만난 친구들도 있고, 아! 그래 교회에서 독신 그룹에 속해 있는 사람들도 있지."

"내 주위에 이렇게 많은 사람들이 있는 줄은 나도 정말 몰랐는걸. 목사님께서 순서대로 순위를 정할 수 있도록 도와 주셨으면 좋겠는데. 그것이 지금 나에게 있어서 제일 필요한 것이거든. 나는 우선 순위를 바르게 세울 필요가 있어."

자, 잰과 그리고 이 문제에 대해서 똑같이 궁금해 하시고 있는 여러분들, 이 질문에 대한 가장 좋은 대답을 발견하는 방법은 성경 속에서 과연 내가 누구와 연결되어야 하고 어떻게 연결될 수 있는지를 가르쳐 주는 말씀을 찾아 분석해 보는 것이다. 그것만이 성경적으로 의미있는 이웃들을 발견하고 각각의 관계 속에서 성경적인 의무들을 수행하도록 나를 도와 줄 것이다.

내 이웃은 누구인가?

제 4장에서 나의 이웃은 내 근처에 살고 있거나 내가 아는 사람 또는 두 경우에 다 속하는 사람이라고 정의를 내렸다. 이제 이것을 좀더 자세히 살펴보자. 누가 그런 사람들에 속하는가? 나는 모든 사람의 근처에 살 수도 없고, 모든 사람을 알 수도 없다. 그렇다면 어떤 관계들이 성경적으로 중요한가? 어떤 이웃들을 사랑해야 하는가? 이 질문은 다시 우선 순위의 문제를 야기시킨다. 이웃 관계에도 등급이 있는가? 어떤 한 이웃이 다른 이웃보다 더 중요한 것인가?

이 질문에 대한 해답을 발견하기 위해 에베소서를 살펴보자. 이 서신에서는, 새로운 크리스찬이 된 사람들에게, 그들이 예수님 안에서의 위치와 행함에 있어서 알아야 할 바를 가르쳐 준다. 진실로, 저자인 바울이 진리를 전달하려고 했다면, 우리는 당연히 그가 에베소에 있는 교인들에게도 마태복음 22장 34절~40절에서 하나님, 자기 자신 그리고 다른 사람들에 대한 기본적인 진리들을 가르치리라 기대하지 않겠는가? 우리는 또한 그가 '다른 사람들' 중에서 누가 정말로 중요한지를 가르치리라고 기대해 볼 수가 있다. 만약 다른 이웃들 중에 우선 순위의 체계가 있다면, 우리는 바울이 말하는 첫 번째, 두 번째, 세 번째, 등등이 누구인가를 자세히 살펴보아야만 할 것이다.

당신은 중요하다

에베소서를 읽어나가면서 당신 자신에 대해서 이야기하고 있는 말씀들을 찾아보라. 당신은 축복을 받았고, 선택되었으며, 거룩하고, 예정되었고, 하나님의 자녀가 되었으며, 죄사함을 받았다(엡1 : 3~12). 이 모든 표현들은 당신이 중요한 존재임을 강조하고 있다 ! 당신이 항상 '예수님 안에' 있었던 것은 아니다. 당신은 허물과 죄로 죽어 있었으며(엡2 : 1~3), 지금 당신은 살아있고, 또 당신의 삶을 통해 하나님께 영광을 돌릴 수 있게 되었다(엡2 : 4~10). 그 사실이 또한 당신을 더욱 중요하게 만들고 있다.

당신은 혼자가 아니며, 다른 사람들도 당신과 함께 하나님께 연결되어 있다. 당신은 개인적으로 그리고 공동적으로 중요한 존재이며(엡2 : 11~22), 또한 새로운 조직 곧 그리스도의 몸의 구성원이다(엡3 : 1~12). 그 몸 안에서 당신은 중요한 존재이며, 은사를 받은 구성원이다(엡 4 : 16).

당신은 사도 바울의 의도를 파악했는가 ? 그는 믿는 자들에게 하나님과의 관계로 인해 변화된 새로운 신분에 대해서 일깨워 주고 있다. 그는 성도들이 영적인 자아 개념을 올바로 갖도록 도와 주고 있는 것이다. 당신이 누구이며, 현재의 위치가 어디며, 어디서 왔고, 무엇을 가지고 있고, 무엇을 할 수 있으며, 또 누가 당신과 함께 있는지를 깨닫는 것은 중요하다. 바울은 에베소서에서, 특히 1장부터 3장에 걸쳐 이런 것들에 대해 자세히 설명하고 있다. 하나님께서 당신의 삶 속에서 하신 일들 때문에, 당신은 중요한 존재인 것이다..

우리는 보통 에베소서의 처음 세 장이 성도의 지위에 대한 진리를 중점적으로 다루고 있다고 말한다. 바른 말이다. 누구의 지위인가 ? 바로 당신의 지위이다. 하나님의 계획 속에서 당신은 중요한 위치를 차지한다. 4장부터 6장까지는 실천적인 면을 다루고 있다. 누구의 행함인가? 바로 당신의 행함이다. 당신이 없이는 지위와 실천은 아무런 의미가 없다. 하나님 없이는 당신은 어떤 지위도 없다. 성경 전체의 어느 부분에서도 마찬가지이지만, 에베소서에서도 당신의 존재는 소중하다고 기록하고 있다.

교회

우리가 에베소서 1장부터 3장까지를 지극히 개인의 내부적인 것에 초점을 맞추었다고 구분짓는다면, 4장부터 6장까지는 개인 사이의 상호적인 것에 중점을 두었다고 말할 수 있다. 왜냐하면 4장 이후부터 바울은 당신과 당신의 의미있는 이웃들을 연결지어 이야기하고 있기 때문이다. 첫째로, 교회의 다른 성도들-몸의 다른 구성원들-과의 관계에 대해 이야기하고 있다. 그는 당신과 다른 성도들과의 관계가 지극히 중요함을 분명하게 지적한다. 그는 4장에서 모든 믿는 성도가 다른 성도들에게 행하여야 할 기본적인 의무들을 설명하고 있다. 예를 들면, '사랑 안에서 참된 것을 말하는 것'도 이런 의무들 중의 한 가지이다(엡4 : 15, 25). 바울은 하나님을 사랑하고 가족을 사랑한 후에 그것을 행하라고 말하지는 않는다. 그는 성도 각자가 다 그렇게 행하여야 함은 물론, 지금 당장 하라고 가르친다.

그러면 바울이 교회 내에서의 관계를 제일 첫 번째로 언급했기 때문에, 우리 삶에서의 중요한 관계들 중에서 교회가 최우선 순위를 차지하는가? 그렇지는 않다. 바울은 논리적인 사고 방식으로 글을 쓴 것이다. 그는 3장에서 그리스도의 몸 안에서 믿는 자의 지위에 대해서 이야기하고, 4장에서는 믿는 자의 행함을 연이어 이야기한다. 그는 한 마디도 교회가 다른 모든 관계들보다 제일 우선 순위를 차지한다고는 하지 않았다. 그렇다고 다른 관계들이 교회보다 우선 순위를 차지한다고도 말하지 않았다. 우리는 계속 '무엇이 무엇보다 더 중요한가'를 발견하려고 한다. 바울은 우리들에게 그런 메시지가 전달되지 않도록 조심하고 있다. 그는 순차적인 우선 순위에 대해서 생각하고 있는 것이 아니라, 기본적인 관계들에 대해서 생각하고 있다. 교회는 단순히 그 관계들 중의 하나인 것이다.

가족

사랑(엡5 : 2)과 복종(엡5 : 21)의 개념들을 이야기하다가 연이어 바울은 가정에 대한 진리를 말한다. 믿는 자들은 성경 공부와 교제를 위해서 항상 교회에만 모여있는 것이 아니다. 교회에서의 모임을 마친 후에는 대부분 집으로 돌아가며, 바울은 거기에 성경적으로 중요한 새로운 관계들과 의무들이 기다리고 있음을 지적한다.

첫째로, 그는 아내들에게 복종에 대하여 이야기하고(엡5 : 22~24), 그 다음에는 남편들에게 사랑에 대하여 말하고(엡5 : 25~33), 그 다음에 그는 자녀들에게 순종과 공경에 대하여 가르치고(엡6 : 1~3), 마지막으로 아비들에게 교양과 훈계에 대해서 이야기한다(엡6 : 4). 불과 몇 개 되지 않는 짧은 구절들 속에서 바울은 결혼과 가족 관계에 대해 기본적인 의무들을 열거해 놓았다. 거기에는 어떤 우선 순위도 부여하지 않았다. 바울은 또한 이런 것들을 먼저 한 후에 그 다음에 교회의 의무를 행하라고도 말하지 않았다. 그는 교회에서의 의무들과 함께 결혼과 가정 생활에서의 의무들도 그 만큼 중요하다는 것을 지적하고 있다. 그는 부부가 먼저 두 사람의 관계를 다룬 후에 자녀들을 양육하라고 하지 않았다. 두 가지 다 중요하며, 어느 한 가지도 등한시 할 수가 없는 문제들이다. 바울은 남편들에게 그의 아내를 사랑한다는 것이 다른 성도들을 사랑하는 의무보다 더 중요하다고는 이야기하지 않았다. 그는 하나님은 우리가 두 가지를 다 하기를 원하신다고 말한다. 그는 아내들에게 우선적으로 남편에게 복종하고 두 번째로 자신의 영적인 은사를 교회 안에서 사용할 것을 생각해 보도록 권고하지 않았다. 그는 단순히 가족 구성원 각자에게 주어진 기본적인 의무들을 설명한 것뿐이며, 그것들을 실천하는 것이 바로 우리의 의무이다.

직업

교회와 가정, 이 두 가지의 기본적이고도 성경적인 관계들은 최우선 순위를 차지한다. 당신은 교회와 가정 외에 또 어디에 소속되어 있는가? 일하는 곳, 바로 직장이 있다. 당신은 고용주[상전]의 역할을 담당하고 있거나 아니면 고용인[종]의 역할을 담당하고 있다. 당신이 고용인일 경우, 당신은 순종적으로 그리고 성실하게 일을 하여야 한다(엡6:5~8). 당신이 고용주라면, 당신은 당신 밑에서 일하는 자들을 친절하고 공평하게 대하여야 한다(엡6:9).

고용주와 고용인은 하나님께서 주신 의무들을 수행해야 하는 또 다른 기본적이며 성경적인 관계들이다. 바울은 여기에서도 어떤 우선 순위를 설정하지 않았다. 그는 우리가 교회에서나 가정에서의 의무를 마친 후에야 직장에서 하나님의 뜻을 행하며 일해야 한다고 말하지 않았다. 그는 교회에서 올바로 하나님을 섬기는 것이 직장에서 올바로 섬기는 것보다 중요하다고 지적하지 않았다. 두 가지 다 똑같이 중요한 것이다.

바울은 목록을 작성하는 것이 아니라 여러 가지 영역들을 동일시하여 다루고 있다. 만약 우리가 바울에게, "자, 당신이 교회, 가정, 그리고 직장에서의 의무들을 이야기했는데, 이제 그 중에서 어떤 것이 최우선 순위를 차지하는지를 말해 주십시오. 우리는 우리의 최우선 순위들을 확실히 원합니다."라고 묻는다면, 아마 바울은 어리둥절하여 다음과 같이 말할 것이다. "무슨 말을 하는지 모르겠는데요? '어떤 것이 우선 순위를 차지한다'는 뜻이 도대체 무엇입니까?"

"우리는 바쁜 사람들이기 때문에 모든 것을 다 할 시간이 없습니다. 그러므로 우리가 이 중에서 어떤 하나를 소홀히 하면 안되는 것이 있다면 그것이 무엇입니까? 다른 말로 하면, 이 관계들과 의무들 중에서 하나님께서 제일 중요하게 여기는 것이 무엇인가 하는 것입니다."

"모든 것이 다 중요하며, 또한 그 하나하나가 각각 다 중요합니다.

그것들은 모두가 아주 중요한 관계들이며, 모두가 다 행해야 하는 것들입니다. 그리고 모두가 순종을 요구하는 것들입니다. 다시 말해서 교회도, 가정도, 직장도 모두가 다 우선 순위를 차지합니다."라고 바울은 대답할 것이다.

세상

이웃에 속하는 영역이 또 있다. 바울은 에베소서 6장 10절～20절에서 그 관계에 대하여 이야기한다. 그것은 사단이 지배하고 있으며 또 우리가 현재 살고있는 바로 이 세상이다. 그렇기 때문에 바울은 '마귀의 궤계를 능히 대적하기 위하여 하나님의 전신갑주를 입으라(엡6 : 11)'고 이야기한다. 그리고 그는 계속해서 믿는 사람들이 이 무신론적이고 패역한 세상 체계를 대적해서 굳게 설 수 있는 방법을 열거한다.

바울은 이미 5장 3절～14절을 통해서 믿는 자들의 삶의 올바른 도리에 대해서 소개했다. 그 구절들 속에서 바울은 우리에게 '열매없는 어두움의 일에 참여하지 말고 도리어 책망하라(엡5 : 11)'고 가르쳤다. 세상 체계는 한 구석에 조용히 머물러 있는 것이 아니다. 우리의 교회, 가정, 직장 상황 속에 파고 들어오며, 우리는 그 영역에 있으면서 세상에 대처해야만 한다. 그뿐 아니라 세상 체계가 침범하는 영역은 훨씬 더 광범위하다. 우리의 사회, 문화, 교육 제도, 정치 제도, 정보 제도 등에 영향을 미치고 있다. 우리의 임무는 바로 세상에서부터 우리 자신을 분리시키면서도 동시에 세상에 영향을 미쳐야 한다는 것이다. 우리의 의무들과 자원들이 6장 10절～20절에 자세히 나와 있다.

전체적인 요점을 파악해 보자. 나는 어떻든지 이 마귀가 지배하는 세상 체계와 관계를 맺어야만 한다. 바울이 비록 순서적으로는 제일 나중에 세상을 언급했지만 그렇다고 가장 소홀히 해도 되는 영역이라는 뜻은 아니다. 세상 또한 중요하며 나의 기본적이고도 성경적인 관계들 중의 하나인 것이다. 그렇기 때문에 전도의 기본적인 책임이 우리에게 주어진 것이다. 이 에베소서 본문과 평행을 이루는 골로새서 4장 2절~6절을 보면, 바울은 믿지 않는 사람들을 향한 복음 사역을 특별히 강조하고 있다.

여기에서 다시 한번 바울이 어떤 높고 낮음의 우선 순위를 제시하지 않았다는 사실에 주목하라. 그는 우리에게 교회와, 가정, 그리고 직장을 돌본 후에 세상 체계를 다루라고 하지 않았다. 전도 또한 가장 높은 순위의 의무이며 이제까지 토론한 다른 영역들 만큼이나 중요한 것이다. 바울은 먼저 믿는 사람들을 육성하고 그 다음에 전도하라고 하지 않았다. 그는 아내를 사랑하고 나서 그 다음에 전도하라고도 하지 않았다. 부모를 공경하고 나서 전도하라고 하지 않았다. 당신은 순차적인 방법론이 논리적으로 모순됨을 발견했는가? 만약 당신이, 교회가 완전히 말씀으로 육성될 때까지 기다린다면, 결코 전도할 수가 없다. 또한 당신이 아내를 충분히 사랑할 때까지 기다린다면 결코 전도할 수 없다. 다른 모든 의무들과 함께, 우리 믿는 사람들은 또한 세상에 영향을 끼쳐야 한다.

정부

이웃에 속하는 또 다른 영역이 있는데, 바울이 에베소서에서 언급하지는 않았지만, 로마서에서는 명시했다. 구원받기 전과 구원받은 후의 개인을 다루고 있는 점에서 로마서 1장~8장과 에베소서 1장~3장이 얼마나 유사한가를 비교해 보라. 진실로 믿는 자들이 하나님을 사랑하고 이웃을 사랑하는 의무들을 올바로 수행하려고 한다면, 거기에 필요한 모든 진리를 깨닫고 그리고 그 바탕 위에서 생각하고, 느끼고, 행동할 필요가 있다. 로마서 9장~11장은 유대인들에게 관계된 이와 같은 문제들을 다루고 있다. 12장에서 바울은 중요한 이웃의 영역에 속하는, 교회에 대한 의무들을 제시한다.

13장에서는 또 하나의 중요한 이웃의 영역인 국가 정부를 소개하고 있다. 바울은 여기에서 믿는 자들이 그들의 정부에 대해 복종하고 후원해야 할 최우선의 의무들에 대해서 설명하고 있다(롬13:1~7). 이것은 선택의 여지가 있는 것이 아니다. 믿는 자들을 향한 의무가 정부에 대한 의무보다 우위를 차지하지는 않는다. 어떤 다른 의무들 뒤에 순서가 오는 것이 아니다. 믿는 자들이 정부에 세금을 내는 것은 교회에 헌금을 내는 것 만큼이나 똑같이 중요하다. 크리스챤이 선거에서 판단력있게 투표를 하는 것은 그가 주일 공과를 준비하거나 또는 남편과 좋은 관계를 형성하는 것 만큼이나 중요하다. 개인, 가정, 교회, 일, 세상, 이 모두가 하나님께로부터 나온 것처럼, 국가 정부도 마찬가지로 하나님께서 정하신 것이다. 좋은 시민이 되는 책임은 모든 크리스챤들에게 지워진 의무인 것이다.

결론

성경은 마태복음 22장을 기초로 해서, 하나님, 자기 자신, 그리고 이웃이라는 3가지의 기본적인 관계들을 제시한다. 다른 부분의 성경들 (예를 들면, 에베소서와 로마서[1])은, 성경적으로 중요한 관계들은 누구이며, 우리는 그들과 함께, 그들에 대해, 그들을 위해, 무엇을 해야 하는지 분명히 설명해 주고 있다. 그러므로 지금 우리에게 주어진 기본적이고도 성경적인 관계들에는 하나님, 자기 자신, 교회, 가족, 일, 정부, 그리고 세상이 주어져 있다.

이런 영역들이 갖는 관계들과 의무들 안에는 분명한 차이가 있다. 내가 아내에게 갖는 의무들은 내가 고용인들에게 갖는 의무들과는 전혀 다르다. 이들은 서로 다르기는 하지만 그러나 모두가 하나님께서 우리에게 부여하신 의무들이다. 성경에는 "여기에 있는 이것들이 너의 아내에게 반드시 해야만 하는 일들이고, 너의 고용인에 대한 의무는 시간이 허락되면 해도 된다."라고 이야기하지 않는다. 또 성경에는 "여기에는 첫 번째 순위가 부여된다. 많은 시간과 정력을 사용하라. 그리고 여기에는 두 번째 순위가 부여되므로 조금은 관심을 덜 두어도 괜찮다. 그리고 세 번째 순위의 항목이므로 할 수 있는 정도껏만 하라."
고 이야기하지도 않았다. 성경은 크리스찬의 헌신을 단순히 저울이나
목록 위에 놓도록 제시하지 않는다. 성경은 우리들에게 순차적인 의
무들을 부여하는 것이 아니라, 오히려 동시적인 의무들로써 제시한다.
우리는 그것들 모두를 언제나 한꺼번에 해야하는 것은 아니지만(비록
중복되는 영역이 많기는 하지만), 그것들 중 하나라도 소홀히 함이 없이
모두 다 해야 할 필요가 있는 것이다.

그런데 잠깐…
이 시점에서 당신은 아마도 우선 순위가 요구되는 계획표나 행사표,
그리고 '해야 할 일들'의 목록들에 대해서 생각하고 있을 것이다.
주어진 시간 속에서, 예를 들면, 하루 또는 일 주일 중에서, 우리는
어떤 관계들이나 의무들에 대해 우선 순위를 부여하여야만 한다. 우
리가 그렇게 하는 이유는 어떤 일들이 이행되도록 우리 자신을 상기
시키거나, 시간과 정력을 좀더 효과적으로 사용하거나, 그 동안 태
만하게 방치했던 일들을 처리하거나, 또는 구체적인 필요들을 충족
시키는 데에 있다.
나는 어제 하루 종일, 정원과 차고와 작업실에서 잔디깎기, 건초
작업, 물주기, 청소, 수리, 만들기 등의 일을 하면서 시간을 보냈다.
나는 어떤 주간에는 그런 일들을 저녁마다 조금씩하고 또 어떤 주간
에는 토요일에 한꺼번에 몰아서 하기도 한다. 나의 책임은 규칙적으로
그것을 하기만 하면 되는 것이다. 만약 내가 여유가 생길 때마다 앞서
열거한 일들만 한다면 나는 다른 성경적인 책임들을 소홀히 하게 될
것이다. 만약에 내가 전혀 잔디를 깎지 않거나 나무의 잔손질들을
해주지 않거나 건초 작업을 하지 않는다면 또 다른 한 영역의 성경적인
책임들을 무시한 것이 된다. 내가 해야 할 일은 성경적인 균형 속에서
나의 전체의 삶을 유지시켜 나가는 것이며, 나에게 주어진 모든 성
경적인 의무들을 성실히 수행해 나가는 것이다. 일일 계획표들과 주간

계획표는 훨씬 수월하게 그것을 실천하도록 도와줄 것이며, 비록 나의 계획들과 시간표들은 늘 변화할지라도 하나님의 말씀은 결코 변하지 않을 것이다.

5장 주해

1) 바울은 믿는 자의 여러 가지 중요한 관계들을 다루면서 골로새서에서도 비슷한 방식을 사용한다. 베드로도 베드로전서에서 이와 동일한 방식을 사용한다. 고린도전후서들은 고린도 교인들이 갖고 있는 어떤 질문과 문제들에 대해 다루고 있다. 그럼에도 불구하고 거기에는 교회 문제들, 결혼에 대한 논쟁들, 사단 그리고 세상 체계, 법적인 문제들과 다른 기본적인 영역의 관계들과 모든 책임에 대한 문제들이 언급되어 있음을 발견할 수가 있다. 실제로 모든 신약전서의 서신들이 이런 식으로 유익하게 분석될 수가 있다.

제 6 장
우선 순위의 원들

나는 지금쯤 당신이 전통적인 우선 순위 방법론에 대하여 깊게 생각할 기회를 충분히 가졌으리라 믿는다. 더 구체적으로 말한다면, 나는 당신이 첫 번째-두 번째-세 번째 식으로 생각하는 방식에 대해 회의를 갖게 되었으리라고 믿는다. 많은 연사들이나 저자들은 그들 나름대로 순서를 매긴 목록을 제시한다. 그러나 그들 중에 많은 사람들이 어떻게 하여 목록에 나타난 '숫자 순서'대로 살 수 있는지를 설명하지는 않는다. 그 이유는 그 자체가 논리적이고, 이성적이며, 실천가능한 설명과는 모순이 되기 때문이다. 나는 앞에서, 이런 방법론에서 야기되는 모순들을 여러 가지 혼란스런 질문들을 통해서 또 거기에서 유출되는 불합리한 결론들을 제시함으로써 증명하려고 노력했다.

나는 우리가 이제까지 알고 있었던 우선 순위의 목록들은 완전히 잊어버리고 그 자리에 관계와 책임을 나타내는 원들을 도입하도록 권하고 싶다. 이 방법은 우리가 실천적이면서도 성경적이고 그리고 설명이 가능한 체계를 발전시킬 수 있도록 도와 줄 것이다.

하나님의 위치는 어디에?
하나님을 우리 삶의 첫 번째 위치에 놓는 대신에 하나님을 우리 삶의 중심에 놓아 보자. 하나님이 모든 것의 중심이 되게 하는 것이다. 그러므로 이렇게 시작해 볼 수 있다.

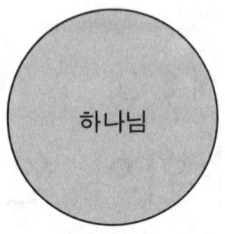

나의 위치는 어디에?
우리 자신은 어디에 놓는가? 이것이 모든 우선 순위를 정하고자 하는 우리에게 갈등을 주는 질문이다. 우리는 하나님과의 관계 속에서 우리 자신을 보여 줄 필요가 있다. 그러므로 이렇게 그림으로 나타내 볼 수 있다.

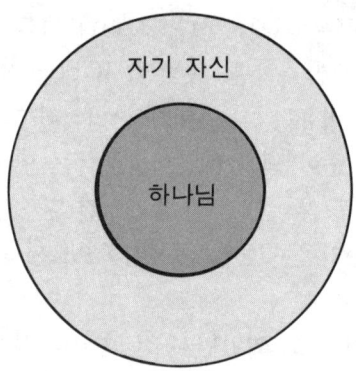

이 그림에서 나타나는 것은 첫째로, 개인은 기독교인이라는 점이다. 기독교인이 아닌 사람에게는 다른 대상들 즉, 어떤 사람이나 어떤 다른 것이 그 사람의 삶의 중심에 위치하게 된다. 그 대상이 사람일 수도 있겠고, 또는 다른 종교나, 소유물, 야망일 수도 있다. 그러나 분명한 사실은 하나님은 아니라는 것이다. 반면에 기독교인은 하나님에게 연결되어 있고, 하나님은 가장 내부의 원 속에 놓인다. 이것은 믿는 자의 삶 속에 있는 하나님의 실재를 나타낼 뿐만 아니라, 또한 그 삶의 중심이 하나님임을 나타낸다. 이것이 마태복음 22장 37절의 '네 마음을 다하고 목숨을 다하고 뜻을 다하여 주 너의 하나님을 사랑하라'는 말씀의 본질을 표시하는 방법 중의 하나이다.

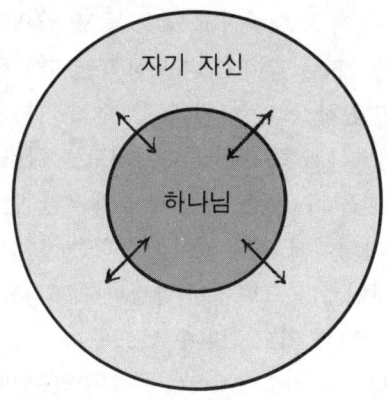

이 그림의 동심원들은 하나님이 우리 삶의 중심에 계실 때, 그분이나 개인의 모든 삶의 영역에 영향을 미치실 수 있음을 보여준다. 화살표들은 하나님과 내가 여러 가지 방법으로 서로 연결될 수 있다는 것을 나타내고 있다.

화살표가 양쪽 방향으로 표시되어 있음을 주목하라. 내가 하나님의 말씀을 공부할 때에 하나님께서는 나의 마음을 새롭게 하신다. 나는 그분의 거룩한 속성을 깨닫고, 또 그분은 나의 삶에 대한 사고 방식을 변화시키신다. 나는 하나님을 창조주로, 또 구세주로 이해하고, 그분은 그러한 진리를 나의 육신에 적용시킨다. 이런 과정이 진행됨에 따라 나는 나의 삶 속에서 하나님을 첫째 자리에 놓는 것이 되고, 그에게 최우선 순위를 드리는 결과가 된다. 동시에 이러한 상호교환 관계들 때문에, 나 자신이 배우고, 성장하고, 변화되며, 그렇기 때문에 나 자신 또한 최우선 순위를 차지하게 되는 것이다. 이런 방식으로 하나님과 나 자신에 대한 성경적인 의무들을 수행하는 것이다.

잠시 우리 자신이 주립대학 내의 여자 기숙사인 파커 홀 이층에 있다고 생각해 보자. 복도의 끝방은 2층을 담당하는 학생인 칼라의 방이다. 그녀는 기독교인이고 지금 기도를 하고 있는 중이다. 그녀는 공부를 하고 있을 수도 있고, 쉬고 있을 수도 있으며, 머리 손질을 하고 있을 수도 있고, 전화로 대화하고 있을 수도 있으며, 라디오를 듣고 있을 수도 있지만, 지금 그녀는 기도하고 있다. 하나님께서는 우리에게 기도하라고 말씀하셨고, 그렇게 할 때 우리는 하나님께 순종하는 것이고 그를 기쁘시게 하는 것이다. 기도는 칼라가 하나님을 그녀 삶의 첫 번째에 놓을 수 있는 하나의 구체적인 일이다.

그러나 칼라는 이런 과정에서 생각 없이 행동하는 로보트가 아니다. 그녀가 기도할 때, 무엇인가가 그녀에게 발생한다. 그녀는 바쁜 시간 중에 시간을 쪼개서 하나님께 기도드릴 수 있도록 자신을 훈련시키며, 기도하는 동안 다른 잡념들이 떠오르지 않도록 집중하는 방법을 배우고 있다. 기도 속에서 자신의 공포, 좌절, 그리고 가슴 아픈 일들을 분명하게 이야기하는 법을 배우고 있으며, 비록 하나님을 볼 수는 없지만 하나님께서 함께 그 자리에 계시고, 기도를 들으시고, 응답하심을 신뢰하도록 배우고 있다. 기도는 확실히 하나님을 첫 번째 위치에 놓는 것이다. 그러나 나 또한 그렇게 할 때마다, 거기에서 유익을 얻고, 은혜를 받고, 배우고, 성장하게 된다. 이제 확실히 알겠는가? 하나님께서 나의 삶의 중심에 계실 때에 그분은 나의 전(全)인격에 중요한 분이 되시며, 나 또한 하나님의 전인격에 연결되고 또 응답할 수 있게 된다.

다른 사람들은 어디에?

가족, 교회, 일, 세상, 그리고 정부는 어떻게 할 것인가? 우리는 이것들을 다음 그림과 같이 삽입시킬 수 있다.

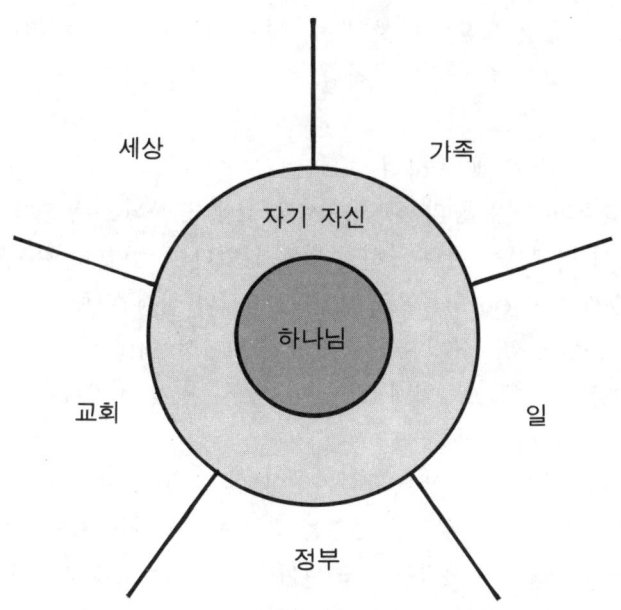

 이 그림에는 우선 순위가 없으며, 단지 삶을 중심으로 하여 나 자신을 둘러 싸고 있다. 다섯 가지의 중요한 이웃들의 영역에는 어떤 순서나, 등급 그리고 순위가 전혀 없다는 사실에 주목하라. 각 영역의 크기가 똑같음으로써 각각이 하나님이 주신, 똑같이 중요한 의무라는 것을 보여준다. 그림에서 제시된 자리는 임의적인 것으로 서로 자리가 바뀌어도 상관이 없다. 어떤 정해진 순서로 읽어야 하는 것도 아니다. 즉 시계 방향으로 읽어도 되고, 또 그 반대 방향으로 읽어도 된다. 교회가 정부와 세상 사이에 위치한 것 조차도 임의적으로 정한 것이며, 어떤 영역이든지 위치를 바꾸어 마음대로 놓아도 된다. 이 그림은 에베소서와 로마서에서의 바울의 접근 방법과 아주 조화롭게 맞아 들어간다. 그는 주어진 한 영역에 대해서 언급하고 그것에 대해 간단히 발전시킨 다음에 또 다른 영역으로 넘어가곤 한다. 그는 어떤 척도에 따라 그것들의 등급을 매기지도, 어떤 특별한 형식에 따라 조직하지도

않았다. 바울의 요점은 다섯 가지 모두가 다 중요하다는 것이며, 그
것이 이 그림의 요점이기도 하다.

중복되는 부분에 관하여
이 그림의 약점 중의 하나는 서로 간에 중복되는 부분이나 상호
관계들에 대해서는 전혀 표시를 하지 않았다는 점이다. 각각의 영역
들이 별개의 분리된 항목들로 보인다. 그러나 실제 삶에서는 그렇지가
않다. 예를 들면, 봅이라는 사람이 교회에서 에베소서 5장 11절에
대한 설교를 듣고서, 열매 없는 어두움의 일을 책망하기로 도전을
받았다고 하자.
그 다음 주, 그는 신문에서 자신이 살고 있는 주의 의회가 음주
제한 연령을 16세로 낮추는 법안을 강구하고 있다는 기사를 읽었다.
그는 지역 신문사의 편집자와 주 의원에게 자신의 반대 의사와 우려를
표명하는 편지를 보냈다. 어떤 일이 일어났는가 보라. 한 상황 안에서
그 자신, 하나님, 교회, 세상, 그리고 정부를 포함한 관계들이 서로
맞물려 일어났다.

나는 누구에게 연결되어 있는가?
이 그림에는 또 다른 중요한 특징이 있다. 나는 개인으로서 다른
다섯 가지의 중요한 영역과 관계를 가지고 있다. 그림에서 자기 자신의
원이 다른 이웃들과 어떻게 연결되어 있는지를 주목하라. 각 관계의
성격은 변하지만 관계 자체는 변하지 않는다. 각 관계는 항구적임과
동시에 또한 역동적이다. 예를 들어 생각해 보자. 당신은 견습생으로
시작해서, 정식 고용인을 거쳐, 높은 지위에까지 출세할 수 있으며,
처음 잠시 동안은 생산부에 있다가 그 다음은 판매부로 옮겨 갈 수도
있다. 처음에는 수입이 적다가, 나중에는 많이 벌게 될 수도 있으며,
당신 자신의 일을 하다가, 다른 사람에게 고용되어 일할 수도 있다.
종국에 가서 당신은 정년 퇴직을 하게 될 것이다. 많은 상황들이 일

어나지만, 이 과정에 따르면, 여전히 당신은 직업과 연결되어 있다는 것이다.

우리는 민주당원들과 공화당원들을 서로 비교하기도 하고, 정직한 정치가들의 연설을 듣기도 하며, 또 다른 종류의 정치가들의 발언을 듣기도 한다. 우리는 독신으로 일정 기간을 지내다가, 그 다음에 사랑에 빠지게 되고, 결혼을 해서는 완전히 새로운 가족 관계의 단계로 들어가기도 한다. 우리는 새로운 목사를 모셔오고, 교회를 세우고, 새로운 운영 위원회에서 봉사하고 있지만, 이 모든 것이 교회라는 한 영역에 속한 것이다. 세상이라는 영역 속에서 우리는 끝없이 변화무쌍한 창조의 아름다움과 또 정반대로 항상 존재하는 죄의 추악함의 양쪽에 연결되어야만 한다. 우리는 컴퓨터를 다루는 법을 배우기가 바쁘게 워드 프로세서 작동법을 배우고 있다. 그리고 이제 앞으로는 로보트를 작동하는 방법을 배워야 할지도 모르겠다. 이 모든 것이 우리가 살고 있는 세상의 영역에 속하는 부분들이다.

무엇을 제외 시킬 수 있는가?

당신이 다섯 가지 부류의 중요한 이웃들과 갖는 관계는 선택의 여지가 있는 것이 아니다. 그것은 의무들이다. 당신은 "나는 시민으로 행세하는 것이 너무 피곤 하므로 내년에는 거기에 연결되는 관계들과 의무들은 완전히 제거해 버릴 것이다."라고 말할 수 없다. 또 그렇게 할 수도 없다. 당신이 살아 왔고, 이 나라에 거주하고 있는 한 성경적인 책임을 가진 시민이다. 당신은 "내가 시간이 날 때 노부모님들을 돌보아 드려야지."라고 핑계를 댈 수도 없다. 당신이 시간을 내야만 한다. 그것은 당신의 의무이다. 또 당신은 "내가 새 직장에서 어느 정도 안정이 된 후에 나의 필요를 채워야 겠다."라고 할 수도 없다. 당신은 가족에 대한 책임을 그런 식으로 처리해 버릴 수는 없다. 당신은 당신의 직업과 아내, 양쪽 모두에 의무가 있는 것이다. 이 모든 관계들이 성경적이며, 의무적인 것이다. 당신이 시간이 있을 때 그것을 처리하려고 한다면 그에 대한 선택권은 이미 당신에게서 사라지고 만다.

하나님은 어떤 방법으로 내 안에서, 나를 통해 일하시는가?
이 그림에는 또 다른 유의점이 있다. 하나님은 나와 함께 일하실 때, 그분은 내 속에서 그리고 나를 통해 일하시기를 원하신다. 하나님은 내가 그분의 말씀을 잘 알고 순종하는 자녀이기를 원하시며, 나의 전 존재가 주님의 형상을 닮도록, 점점 더 성장하고 발전되어 나가기를 원하신다. 하나님은 바로 그렇게 되도록 내 안에서 일하고 계신 것이다. 그리고 나 자신은 격리되어 존재하는 것이 아니라 이 다섯 가지 이웃하는 관계의 영역 속에서 살고 있으며, 하나님께서는 이 영역들 각각에 영향을 미치시기 위해 나를 통해 일하시기를 원하신다.

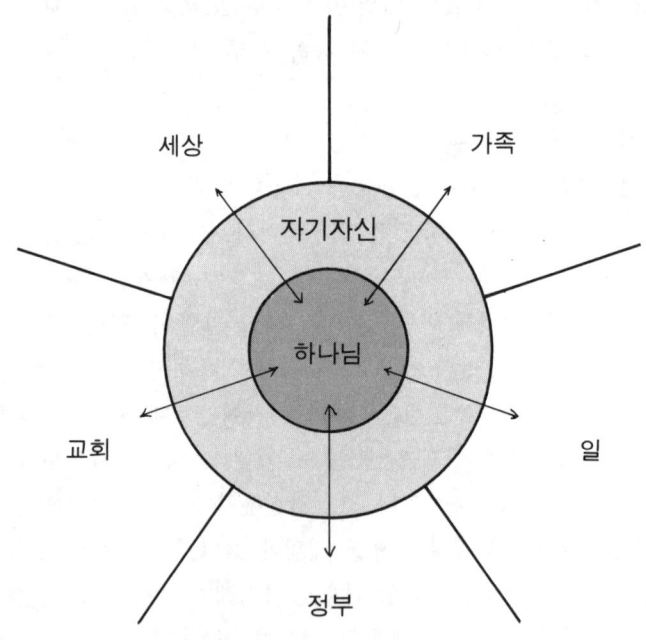

내가 개인적으로 성장해 나감에 따라서, 이것이 다른 영역들과의 상호적인 성장에도 영향을 미쳐야만 한다. 예를 들면 하나님의 말씀을 공부하고 묵상한 결과로 나의 마음은 새로워져야 한다. 이런 과정이 일어남으로써 나는 새로운 마음 상태에서 아내의 필요에 관심을 갖고, 불순종하는 자녀를 다루며, 직장 상사의 지시 사항에 대해 의논하고, 자동차를 과속하지 않도록 나를 절제하고, 교회 회의에서 거론될 문제에 대해 어떻게 할 것인가를 결정하고 텔리비젼에 나오는 저녁 뉴스 방송을 평가하고, 그리고 새로운 광고지에 나와 있는 여러 가지 구매 품목을 살펴보아야 한다.

나는 광고지에 대해서 솔직히 고백할 것이 있다. 나는 연장들을 사모으는 데는 광적이다. 30% 할인 판매에 강하게 자극을 받으며, '두 개를 사면 더 싸게 살 수 있다'라는 광고에 교묘히 농간을 당하고 '29일까지만 할인 판매함'이라는 대목에 현혹당한다. 또 다른 예로 씨얼스(Sears : 역주-미국에 전국적으로 판매망을 가지고 있는 백화점 이름)의 할인 판매 카탈로그가 도착하면, 겉봉을 뜯고 얼른 연장을 소개한 광고란을 찾아 여러 가지 연장들에 대한 선전과 그림, 그리고 가격들을 보고 있노라면, 금방 그것들이 없으면 아무 것도 할 수가 없다는 확신을 갖게 된다. 할인 판매 카탈로그가 나쁘다는 것이 아니라 그것들을 통해서 나를 유혹하며, 마치 띠톱(band saw)이 내 삶에서 가장 중요한 듯한 인상을 주고, 내가 그것을 살 때까지는 내 삶이 풍요하지 않다는 식으로 우리를 유혹하는 세상의 체계들이 나쁘다는 것이다. 그러나 나의 인격적인 성숙이 그러한 탐욕과 카탈로그가 주는 유혹들을 절제하도록 도울 수 있어야 한다. 나의 경우, 느리긴 하지만, 점점 그렇게 변해가고 있다. 그리고 그런 것들을 절제할 수 있게 될 때 나는 나의 자녀들에게도 이 세상의 것들을 사랑치 말라고 더 잘 가르칠 수가 있게 된다.

그것이 바로 하나님께서 나의 중요한 이웃들과의 관계에 영향을 주면서, 그리고 나에게 기본적이고도 성경적인 의무들을 수행하도록 동기를 부여하면서 내 안에서 그리고 나를 통해서 일하시는 것이다. 나는 이 모든 것들을 내 스스로의 힘으로, 인간의 지혜와 노력으로 해 나갈 수도 있다. 그러나 그것은 하나님을 제외시키는 결과가 된다. 하나님께서는 그가 우리 삶의 중심이 되시기를 원하시며, 나의 모든 기본적이고도 성경적인 관계 속에서 중요한 위치를 차지 하시기를 원하신다.

화살표는 양쪽 방향으로 뻗어 있다. 그것은 하나님의 말씀과 능력이 다섯 가지의 영역들 속에서 올바르게 행할 바를 준비시켜 줄 뿐만 아니라, 또한 그 영역들 속에서 나의 경험들이 나를 다시 하나님께로 이끈다는 사실을 가르쳐 준다.

예를 들면, 바바라는 아기 엄마인데, 아장아장 걷고 이가 막 나기 시작한 그녀의 아기가 아직까지 대소변을 가리지도 못하고, 물건을 마구 집어 던지면서 울고 고집을 피운다. 이 행동이 바바라에게 어떤 영향을 줄 것인가? 그녀는 폭발 일보 직전에 있다. 그러나 이것은 또한 그녀가 하나님께 호소할 기회를 준다. 하나님께 그녀는 인내와 끈기를 배울 수 있다. 이 두 가지 특성은 모든 어머니들에게 꼭 필요한 것이다. 물론 아버지들에게도 마찬가지로 필요하다. 어린 아이들은 자기들에게 관심을 갖지않으면 안되도록 이끄는데 천재들이다.

유사한 종류의 다른 예를 든다면, 낙태(abortion)에 대한 대법원의 결정은 성경이 말하는 윤리적인 가르침에 대해 우리의 관심을 새롭게 불러 일으킨다. 교회 성도들 사이에서 '관심을 가져주고 돌본다'는 명목으로 전달되는 험담들이 우리로 하여금 하나님 말씀의 진정한 의미에 대해서 다시 한번 생각해 볼 수 있는 기회를 준다. 오늘 도착한 새로운 신용 카드는 돈과, 명예, 만족, 그리고 탐닉에 대한 우리의 욕망을 자극한다. 이것은 하나님께서 금지하시는 것들이다.

우리가 얻은 것은 무엇인가?

우리의 방법론을 통해서 우리가 얻은 것은 무엇인가? 우리는 삶을 보는 새로운 방법을 확립했다. 목록에 따라서 살려고 노력하는 것보다는 원형으로 둥글게 주위에 놓는 것이 훨씬 좋은 방법이다. 당신은 그것들을 '우선 순위의 원들'이라고 명명할 수 있다. 그림의 모든 호칭들이 각각 첫 번째 순위를 나타낸다는 것을 명심하라. 또한 이 모형의 중심 사상은 마태복음 22장 34절에서 40절에 나와있는 진리임을 꼭 기억하라. 즉 하나님을 사랑하고 이웃을 사랑하라는 것이다. 이 접근 방식은 단순히 마태복음에 나와있는 기본적인 관계들과 의무들을 좀더 일관적이고 결합적인 과정으로 통합시킨 또 하나의(내가 생각하기에는 더 좋은) 방법이다.

그런데 잠깐…
이 모형은 시간 배분 도표가 아니다. 즉 다섯 종류의 분할된 이웃들이 동일한 시간의 배분을 나타내는 것이 아니다. 여기에서 의무를 수행하기 위해서는 시간이 요구되지만, 이 그림은 그 문제에 대해서는 언급하고 있지 않다. 시간 배분의 문제는 후에 논의하겠다.
이 모형은 성경 말씀의 진리표도 아니다. 다섯 종류로 분류된 이웃들은 각 영역이 똑같은 정도, 그리고 똑같은 종류의 성경 말씀을 가지고 적용되어야 한다고 가르쳐 주고 있지 않다. 어떤 의무는 다섯 가지에 다 공통적이지만 하나님께서는 우리에게 각 영역에 대해 유일하고도 적절한 말씀을 주셨다. 이 모형은 다섯 가지의 영역들이 각각 성경적인 중요성과 성경적인 의무들을 가지고 있음을 나타내기 위해서 크기나 모양을 동등하게 표현해 주었다. 그러나 이 영역들이 모두 동일한 것은 아니다.
우리는 이것이 중요한 이웃들을 분류하는 유일한 방법은 아니지만, 성경적인 방법이라는 것을 증명했다. 이 다섯 가지의 영역들이 자세한 내용들을 모두 포괄적으로 나타내지는 않지만 주요 골자를 완전하게 제시해 주고 있다. 다음 장들에서 우리는 각 영역에 대해 좀더 자세히 살펴보게 될 것이다(어떤 사람은 자기의 원수가 어디에 속하는지 질문하고 있을지도 모른다. 그것은 그 원수가 누구인가에 따라 달라진다. 친척, 직장의 감독, 시의회 임원…등).

  만약 우선 순위에 대한 이 방법이 쉽게 보여진다면 그것은 오해이다. 목록에 따라 사는 삶보다 이런 방식으로 사는 것이 훨씬 더 어렵다. 이 접근 방식에서는 하나님께서 내게 무엇이 중요하고 또 무엇이 절대적으로 필요한 것인지를 가르쳐 주신다. 그러나 목록을 따르는 접근 방식에서는 하나님보다 적은 권위를 가진 누군가가 나의 의무에 대해서 임의로 우선 순위를 정해준다는 것이 그 차이점이다.

제 7 장
사랑하는 방법

우리가 4장에서 기록한 예수님과 바리새인의 대면을 기억하는가? 그 대화 중에 예수님께서는 인간의 근본적인 의무는 사랑하는 것, 즉 하나님을 사랑하고 이웃을 사랑하는 것임을 분명하게 말씀하셨다. 우리는 지금까지 하나님, 자기 자신, 그리고 이웃을 서로 어떻게 연결시키는지 그리고 누가 우리의 중요한 이웃들인지를 알아보았는데, 이제는 사랑의 의미에 대해서 살펴볼 필요가 있다.

하나님을 사랑하는 방법
 당신은 어떻게 하나님을 사랑하는가? 대답은 매우 간단하다. 하나님의 계명들을 지키면 된다. 사도 요한은 그것을 분명히 기록하고 있다. '하나님을 사랑하는 것은 이것이니 우리가 그의 계명들을 지키는 것이라 그의 계명들은 무거운 것이 아니로다(요일 5 : 3)' 예수님께서도 이 개념을 여러번 그의 제자들에게 반복하여 말씀하셨다. '너희가 나를 사랑하면 그의 계명을 지키리라(요 14 : 15)' '나의 계명을 가지고 지키는 자라야 나를 사랑하는 자니(요 14 : 21)'라고 말씀하셨다. 또 '네 마음을 다하고 목숨을 다하고 뜻을 다하여 주 너의 하나님을 사랑하라'고 하나님께서 이스라엘 백성들에게 명령하실 때도 이 사랑을 증명하기 위해서 이스라엘 백성들이 지켜야 할 구체적인 의무들을 앞뒤로 함께 기록하고 있다(신 6 : 1~15 ; 13 : 1~4). 모세는, 하나님께서는 이스라엘 백성이 어떻게 거짓 선지자에게 반응하는지를 봄으로써 하나님에 대한 사랑을 시험하실 것이라고 이스라엘 백성들에게 말했다. 만약 그들이 현혹된다면, 그들의 사랑도 거짓이었음이 증명되는 것이다. 하나님에 대한 진실한 사랑을 증명하기 위해서는, '너희는 너희 하나님 여호와를 순종하며 그를 경외하며 그 명령을 지키며 그 목소리를 청종하며 그를 섬기고 그에게 복종하라(신 13 : 4)'고 모세는 가르치고 있다.

당신은 그의 계명들을 지킴으로써 하나님을 사랑한다. 그렇게 함으로써 우리는 경건한 생각들과 하나님 아버지에 대한 따뜻하고 희미한 느낌들이 사랑일 것이라는 잘못된 생각에서 벗어나게 된다. 사랑은 하나님께서 우리에게 기대하시는 것을 알고 또 그것을 실천하는 것이다.

인간의 가족 관계에서도 비슷한 점들이 많이 있다. 오드리와 나에게는 네 자녀가 있다. 아이들은 우리를 사랑하고, 성장하면서 각각 다양하게 각자의 사랑을 우리에게 표현했다. 손으로 직접 그린 생일 카드, 수공예품, 꽃다발, 사진, 선물, 또는 즉흥적이고도 자발적인 사랑과 감사의 언어들 등이 그것이다. 그러나 우리에게 그것보다도 더 강한 만족을 주는 것이 있다. 그것은 바로 그들이 우리가 시키는 일에 순종할 때이다. 그들이 우리를 사랑한다고 이야기하면서도 순종하지 않을 때는 많은 마찰이 일어난다. 우리는 자녀들로부터 애정과 순종, 모두를 다 원한다. 그러나 만약 무슨 이유로 인해 둘 중의 하나를 택하라면, 우리는 순종을 선택하고 싶다. 냉담한 순종이 부드러운 반항보다 낫다는 것이 결론이다. 하늘에 계신 아버지로서, 하나님께서도 역시 그 자녀들로부터 사랑과 순종 두 가지 모두를 원하신다. 그는 우리가 애매한 감정으로 순종해야 할 것에 순종하지 않는 것을 허락하시지 않는다.

'너는 나 외에는 다른 신들을 네게 있게 말지니라(출 20 : 3)' 이것은 주님의 명령들 중의 하나이며 하나님과 나와의 관계를 다루고 있다. 당신은 방금 말한 이 세 가지의 명령들 중에 어떤 순차적인 등급이 함축되어 있다고 생각하는가? 전혀 그렇지 않다. 나는 세 가지 모두를 행하여야 한다. 왜냐하면 그것들 모두가 하나님의 명령이기 때문이다. 내가 진실로 하나님을 사랑한다는 것은 하나님과 또 나의 이웃과, 그리고 나 자신과 올바른 관계를 맺는 것을 말한다. 결국 우리는 다시 마태복음 22장으로 돌아간다. 우리 주님께서는 그가 무엇을 말씀하시고 계신지를 분명히 아셨다. 두 계명들은 서로서로 분리될 수 없도록 연결되어 있다. 우리는 하나님의 계명들을 지킴으로써 하나님을 사랑하며 그렇게 함으로써, 우리는 우리 자신과, 또 다른 사람들과 올바른 관계를 가질 수 있는 것이다.

이웃을 사랑하는 방법

당신은 어떻게 이웃을 사랑하는가? 매우 간단하다. 성경에 기록된 대로 이웃과의 관계를 유지하라는 명령을 지키는 것이다. 가족을 돌아보고(딤전 5 : 8), 성도들의 쓸 것을 공급하며(롬 12 : 13), 위에 있는 권세들(governing authorities)에게 굴복하고(롬 13 : 1), 의와 공평을 고용인들에게 베풀며(골 4 : 1), 마귀를 대적하라(약 4 : 7) 등등 당신이 이웃들과의 관계 속에서 성경적인 중요한 의무들을 발견하며 그것들을 행하는 것이 바로 이웃을 사랑하는 것이다.

비기독교인인 한 어떤 사람이 기독교인인 당신의 삶 속에 관여되었다고 가정해 보자. 그 사람은 새로운 버스 운전사일 수도 있고, 신문 배달원, 직장 동료, 가까운 인척일 수도 있다. 어쨌든 이 사람은 지금 당신에게 성경적으로 중요한 이웃이 된 것이다. 당신의 성경적인 의무는 당신이 그리스도를 대신하여 사신이 되어 그에게 하나님과 화목하게 되는 진리의 말씀을 창조적으로 그리고 꾸준히 전하는 일이다(고후 5 : 8~21). 당신은 말과 행함으로 전도를 해야 하며(골 4 : 5~6), 이것이 구원받지 못한 이웃을 사랑하는 방법이다.

하나님을 사랑하는 것과 마찬가지로, 이웃을 사랑한다는 것도 다른 사람을 향하여 단지 어떤 좋고 즐거운 감정을 갖는다는 것만으로 끝나는 것이 아니다. 그것은 모든 태도와 전(全) 행동을 포함한다. 더 나아가, 당신이 이웃에 대한 의무를 이행하고 있을 때에 당신은 하나님을 경시하고 있는 것이 아니라 바로 그에게 순종하고 있는 것이다.

이웃을 사랑하는 것에는 또 다른 측면이 있다. 한 쪽은 이제까지 우리가 본 것처럼 지극히 진술적인 측면이다. 즉 우리가 이웃에 대해서 어떻게 생각하고, 느끼고, 행하여야 할 것인가에 대한 명령들이 명제 형식으로 기록되어 있다.

이웃을 사랑하는 것에 대한 지극히 개인적인 측면이다. 예를 들면, 예수님께서는 듣는 자들에게 두 가지 것을 가르치시기 위해 선한 사마리아인의 이야기를 들려 주셨다. 첫째, 당신의 이웃은 당신이 그 사람의 필요를 알고 있고, 또 당신이 그 필요를 채워 줄 수 있는 사람이다. 둘째, 당신은 그 사람의 필요를 채워주는 행동을 함으로써, 비로소 그 이웃을 사랑하는 것이다(눅 10 : 25~37). 명제 형식으로 진술하면 '모든 이에게 착한 일을 하라(갈 6 : 10)'고 간단하게 표현할 수 있지만, 누가복음 10장에서는 지극히 개인적인 측면이 강조되어 있다. 즉 그 사람을 보고서 그의 필요가 무엇인지를 판단한 후에 그것을 채워주기 위해 행동하는 것이다.

요한일서 4장 10절에서 요한은 이러한 개인적인 측면의 사랑에 대해 고전적인 정의를 준다. 그는 그의 전형적인 표현을 사용하여 문장을 시작한다. 그가 사용한 '여기(in this)'라는 표현은 어떤 분명하고도 간결한 정의를 내릴 때 독자들의 관심을 집중시키기 위해 흔히 사용하곤 했다.[1] 그가 정의하려고 하는 개념은 바로 아가페(agape), 곧 하나님의 사랑이다. '우리가 하나님을 사랑한 것이 아니요, 오직 하나님이 우리를 사랑하사'라는 부분은 하나님의 사랑이 교환 형식으로 되갚는 사랑이 아니라, 자발적이고도 주도적인 사랑임을 나타낸다. 그것은 사랑하는 사람에게서 먼저 발생된 것이다. '그 아들을 보내셨음이니라'는 것은 하나님의 사랑이 행하는 사랑임을 강조한다. 즉 단순히 느끼는 사랑이 아니라 무엇인가를 행동으로 나타내는 그런 사랑이다. 우리는 하나님께서 그의 아들을 고난받고 죽임을 당하도록 이 세상에 보낸 것이 바로 희생적인 사랑의 행동이었다는 것을 생각해야 한다. 아가페는 주는 것이며, 굴복하고, 단념하는 사랑이다.

사랑하는 사람, 곧 사랑받는 사람의 필요에 하나님을 초점으로 맞춘다. 우리의 기본적인 필요는 죄사함을 받고 하나님께로부터 의롭다 여김을 받는 것이다. 하나님은 그런 우리의 필요를 만족시키기 위해 '우리 죄를 위하여 화목제로' 그의 아들을 보내신 것이다. 누가복음 10장에 나와있는 사랑의 요소들을 잘 기억하라. 그것은 사람을 보고, 그의 필요가 무엇인지를 판단하여, 그것을 채워주기 위해 행동하는 것이다. 그 최초의 본보기가 요한일서 4장 10절에 기록되어 있다. 즉, 하나님께서는 우리를 보시고, 우리의 필요를 판단하시고 그 필요를 만족시키기 위해 희생적인 행동을 자발적으로 주도하셨다.

11절을 살펴보자. '사랑하는 자들아 하나님이 이같이 우리를 사랑하셨은즉, 우리도 서로(이같이) 사랑하는 것이 마땅하도다' 만약 우리가 10절에 나와 있는 사랑을 경험했다면, 우리는 11절 대로 그것을 다른 사람에게 표현할 의무가 있다. 당신은 어떻게 당신의 이웃을 사랑하는가? 그것은 당신이 먼저 자원하여 주도권을 잡고, 그의 필요들을 만족시키기 위해 희생적으로 행동함으로써 할 수 있다.[2]

이웃을 사랑하는데 있어서 명제적인 접근 방식과 개인적인 접근 방식의 차이점은 무엇인가? 결론은, 아무런 차이가 없다는 것이다. 왜냐하면 나의 이웃에 대한 하나님의 명령을 순종할 때, 나는 정당한 필요들을 만족시키기 위해 적절하고 올바른 행동을 취할 것이기 때문이다. 불순종하는 자녀에게 필요한 것은 무엇인가? 훈육이다. 내가 그 필요를 채우기 위해 자녀를 훈육시킬 때, 나는 하나님의 말씀에 합당하게 행하는 것이다. 예를 들면, 잠언 22장 15절에서 '아이의 마음에는 미련한 것이 얽혔으나 징계하는 채찍이 이를 멀리 쫓아 내리라'고 가르친다.

만약 순종을 잘하지 않는 자녀가 있는데, 이미 많은 장난감을 가졌음에도 불구하고 또 하나를 사달라고 졸랐을 때, 내가 그것을 사준다면, 그것은 진정한 사랑이 아니다. 그것은 불합리한 요구들을 만족시켜 주려는 올바르지 못한 행동인 것이다. 성경은 나에게 어떤 요구들이 정당하며 그것을 만족시키기 위해서는 어떤 행동이 정당한 것인지를 가르쳐 준다. 구원받지 못한 사람이 필요한 것은 무엇인가? 바로 복음이다. 내가 그 요구를 만족시키기 위해 행할 때, 나는 사도행전 11장 8절의 진리를 실행하는 것이다. 하나님의 계명에 순종하는 것과 필요들을 만족시키기 위해 행하는 것은 서로 상통하는 개념들이다.

당신 자신을 사랑하는 방법

당신은 어떻게 당신 자신을 사랑하는가? 매우 간단하다. 만약 사랑이 명령을 지키는 것이라고 한다면, 우리는 우리 개인에게 구체적으로 관계된 계명들을 지킴으로써 우리 자신을 사랑할 수 있다. 그렇게 하면서 우리는 우리의 정당한 필요들을 만족시키기 위해 올바로 행하게 될 것이다.

나의 친구 헤롤드를 소개 하겠는데, 그는 35세 된 아주 성공한 컴퓨터 판매원이다. 그는 잘 생겼고, 지적이며, 또 뛰어난 언변을 가지고 있다. 그와 셜리는 8년 전에 결혼을 했고 그들 사이에는 어린 두 딸들이 있다. 약 3달 전 헤롤드는 기독교인이 되었다. 그가 다른 기독교인들에게 들은 메시지는, 그가 35년 동안 자신만을 위해서 이기적으로 살아왔으니 이제는 그런 것을 버리고 다른 사람들과 하나님을 사랑해야 한다는 것이었다. 그는 하나님이 전부가 되기 위해서는 자신은 아무 것도 아닌 존재로 여겨야 한다고 들었다. 헤롤드는 자신이 조용히 어느 한 구석으로 사라지기만 하면 그것이 최상일 것같다는 인상을 받았으며 하나님은 '헤롤드를 끌어내리기'를 원하신다는 느낌도 받았다.

어느 일요일 아침 예배에서 목사님이 로마서 12장 1절~3절에 대한 설교를 하셨다. 설교 제목은, '당신을 위한 최상의 것'이었다. 설교의 시작이 헤롤드의 관심을 끌었다.

여러분은 어떻게 여러분의 자녀들을 사랑합니까? 그들을 위해 최상의 것을 행함으로써 사랑을 표현할 것입니다. 그러면 여러분은 어떻게 여러분 자신을 사랑합니까? 마찬가지로 여러분 자신을 위해 최상의 것을 행함으로 사랑을 합니다. 여러분을 위한 최상의 것이 무엇인지 어떻게 알 수 있습니까? 하나님의 말씀을 읽으십시오.
그렇다면 여러분은 어떻게 여러분 자신을 사랑합니까?
하나님의 말씀대로 행함으로써 사랑합니다. 자 다같이 로마서 12장 1절~3절을 봅시다. 이 구절은 어떻게 우리 자신을 사랑할 수 있는지를 가르쳐 줍니다. 왜냐하면 그것은 우리 자신을 위해 우리가 할 수 있는 최상의 것이 무엇인지를 말해 주기 때문입니다.

그리고 목사님께서는 우리 자신을 위해 우리가 할 수 있는 최상의 것은 바로 우리자신을 하나님께 드리는 것, 이 세대를 본받지 않는 것, 변화를 받는 것, 마음을 새롭게 하는 것, 우리 자신을 위한 하나님의 뜻이 무엇인지 분별하는 것, 그리고 우리의 은사를 알고 정확히 평가하는 것임을 로마서 12장 1절에서부터 3절을 통하여 보여 주었다.
헤롤드는 그날 예배 시간을 통해 도전을 받았고, 무엇인가를 깨달은 듯한 느낌이었다. 그는 오후내내 이 문제에 대해 골똘히 생각했다.

하나님은, 나에게는 가치있는 동기가 필요하고, 본이 될 만한 사람이 필요하며, 섬길 주인이 필요하다는 것을 알고 계신다.

만약 그것이 진정으로 내게 필요한 것이라면, 나는 그렇게 해야 겠다. 나는 지금 당장 내 삶에서 그 필요를 만족시키기 위해 행해야 하겠다.

헤롤드는, 자신이 앉아 있던 바로 그 자리에서 주님이 원하시는 것이면, 무엇이든지 하겠다고 주님께 헌신하는 시간을 가졌다. 그것은 이제까지 그가 자신을 위해 해 온 모든 일 중에서 가장 최상의 것이었다. 다른 말로 표현한다면, 그것은 헤롤드로서는 자기 자신을 진정으로 위하는 가장 적절한 행위였다.

적극적이고 열성적인 성격인 헤롤드는 자신의 헌신을 실천하기 위해 최선을 다하기로 결심했다. 그는 그후 몇 주 동안 로마서 12장 2절의 명령대로, 그의 정당한 필요들을 만족시키기 위해 행동을 시작했다. 그는 금전에 대한 자신의 개념이 세상적인 가치관과 일치한다는 것을 깨닫고, 개선해 나가기로 결심했다. 그는 먼저 자발적으로 근무 시간 이외에 초과로 일하던 것을 중지하고, 가정에서 아이들과 부인 셜리와 시간을 더 보내기 시작했으며, 교회에 더 많은 헌금을 내기 시작했고 직장에서 판매부장으로 승진될 것인가에 대한 걱정을 버리기로 작정했고, 그의 지출에 대한 금전 관리를 철저히 했다. 이러한 변화들이 쉽게 또는 자동적으로 일어난 것은 아니다. 세상을 본받고 싶은 유혹이 올 때, 헤롤드는 스스로에게 미소지으며 이렇게 말하곤 했다. "이것봐, 이전의 헤롤드야, 나는 단지 나에게 가장 좋은 것을 하고 있을 뿐이야. 그리고 그렇게 하는 이유는 내가 너를 사랑하기 때문이지!"

헤롤드는 그리스도인의 삶을 살기 위해서 '죄를 제지'시켜야 했지만 '자기 자신을 사랑한 결과'가 된 셈이다.

헤롤드가 로마서 12장 1절~3절 말씀대로 행했던 것처럼, 성경은 우리 자신에게 적용되는 진리들로 가득 차 있다. 빌립보서 4장 6절~7절은 어떠한가? 내가 근심이 될 때 나는 누군가와 대화를 나눌 필요가 있다. 하나님께서는, '기도 속에서 나에게 이야기하라'고 말씀하신다.

그 권고에 순종하는 것이 바로 하나님을 사랑하는 것이다. 그러나 동시에 기도함으로써 나의 요구도 만족된다. 왜냐하면 내가 6절의 명령을 순종할 때, 나는 기도하는 법을 배우게 되고 7절의 약속인 평강을 체험하기 때문이다.

하나님을 사랑하는 것은 바로 나 자신을 사랑하는 것이다. 그 이유는 하나님께서 명령하신 것들이 나의 필요들도 만족시켜 주기 때문이다. 하나님을 맨 위에, 그리고 나 자신을 제일 밑바닥에 놓는 식의 우선순위 목록을 작성하는 것은 서로 융화된 순종의 의미를 올바로 파악한 것이 못 된다. 내가 하나님께 순종할 때, 하나님께서는 영광을 받으시고, 나는 그 결과로 은택을 입는다. 시편 기자는 '…주의 앞에는 기쁨이 충만하고…(시 16 : 11)'라고 말했다. 주의 임재 앞에 있다는 것은 주와 함께 교제하며 살아간다는 의미이다. 즉 주님이 최우선 순위라는 말과 같다. 그러나 내가 그렇게 할 때, 어떤 일이 일어나는가? 나 자신이 목록의 제일 밑바닥에 위치하는가? 나 자신은 그 장면 속에서 사라져 버리는가? 그렇지 않다. 나의 감정들은 하나님과 함께 제일 우선 순위에 오게 되며 하나님께서는 나에게 충만한 기쁨을 주신다. 나는 결과적으로 나의 개인적인 유익이 없이는 하나님을 사랑할 수 없고, 또한 내가 하나님께 불순종할 때 결과적으로 나 자신도 그 만큼의 손해를 경험하게 된다.

자기 자신을 사랑한다는 것은 공연한 감상도 아니며, 이기적이며, 자기 중심적인 것도 아니다. 그것은 순종이다. 즉 자기자신과 관계되는 하나님의 명령에 대한 순종인 것이다. 여러 가지 명령들이 있는데, 그것에 관해서는 다음 장에서 논의할 것이다.

그런데 잠깐…

만약 이웃을 사랑하는 것이 그의 정당한 필요들을 올바로 만족시키는 것이고, 나 자신을 사랑하는 것도 나의 정당한 필요들을 올바로 만족시키는 것이라면, 하나님을 사랑하는 것도 하나님의 정당한 필요들을 올바로 만족시키는 것이라고 정의할 수 있지 않겠는가?
"잠간만요." 재빨리 반응이 온다. "하나님께서는 어떤 필요도 가지고 계시지 않은 줄로 알고 있는데요."
"그것은 확실한가요?"
"네, 확실해요. 하나님께서는 완전하시고 완전하다는 것은 어떤 필요도 있을 수 없다는 것을 의미하니까요."
"아! 그렇군요. 그렇다면 불완전한 사람들만이 자신의 필요들을 가지고 있다는 말씀이시군요. 우리의 인간적인 필요들도 타락 이후에 생긴 것이고, 타락 이전에 아담과 이브는 어떤 필요도 가지고 있지 않았다는 말씀이시군요. 그들은 서로를 필요로 하지 않았고, 먹을 필요도 없었고, 잠잘 필요도 없었으며, 일할 필요도 없었고, 창조주와 교제할 필요도 없었다는 말씀도 되지요. 오직 유한하고 타락한 인간들에게만이 필요를 가지고 있다는 말씀이시군요. 그런가요?"
"글쎄요, 그렇게 생각했었는데, 듣고 보니 확신할 수가 없습니다. 당신이 내 생각에 충격을 주었습니다. 만약 완전한 창조물들이 무엇인가 필요했다면, 완전한 창조주 역시 어떤 필요를 가질 수도 있겠군요. 나는 한번도 그렇게 생각해 보지 못했습니다."
깊이 생각해 볼 가치가 있는 문제라고 생각한다. 그러나 지금은 시간이 없으니 그만두고, 계속 이 책을 읽어보라.[3]

7장 주해

1) 비교 – 요한일서 2 : 3, 5 ; 3 : 10, 16 ; 4 : 2, 9, 13 ; 5 : 2
2) 이러한 것들은 요한일서 3 : 16~18, 디도서 3 : 4에서도 나타난다. 그리고 빌립보서에서는, 1 : 9에서 명령된 사랑이 4 : 10~19에 상세히 나와있는 바울의 필요들을 만족시키도록 구체적으로 행해졌다.
3) 인간들, 그들이 타락했기 때문만이 아니라 유한했기 때문에 어떤 필요들을 가지고 있다. 하나님께서는 타락하시지도 않았고, 유한하시지도 않기 때문에, 우리와 같은 의미에서의 어떤 필요는 가지고 있지는 않지만, 그는 인격이시기 때문에 그러한 신의 인격에 고유한 어떤 필요들을 가지고 계신다. 그러한 모든 필요들은 삼위일체의 관계 속에서 완전히 그리고 완벽히 만족되어 진다(예를 들면, 사랑할 필요와 사랑을 받을 필요). 하늘에 계신 아버지로서 하나님께서는 그의 자녀들이 그를 사랑하고, 섬기고, 예배하고, 순종하기를 원하신다. 우리가 그렇게 하지 않을 때 하나님께서는 인격으로 불완전하시지는 않지만, 실망하시며 우리의 불순종을 슬퍼하신다. 하나님께서는 하늘에 계신 우리의 행복한 아버지가 되기를 원하신다. 우리의 순종이 바로 그 필요를 만족시킨다.

제 3 부
관계와 의무에 관한 고찰

제 8 장

당신과 하나님

 많은 기독교인들이 간신히 현상유지(status quo)만 하면서 살아가고 있다. 첨언하면, 라틴어인 status quo(現狀)는 영어로 '우리가 빠져 있는 궁지상태(the mess we are in)'라고 번역될 수 있다. 기독교인들은 살기 위해서 태어났다. 이 책의 내용 전부가 성장에 관하여 말하고 있는데, 그중에서도 특히 이 장에서는 당신이 하나님과의 관계 속에서 성장한다는 것이 과연 무엇을 의미하는가에 대하여 다루고자 한다.
 성장은 확장과 변화를 포함한다. 그것은 지식의 확장과 행동의 변화를 말하는 것이다. 정지된 상태와 고정된 상태가 되지 않도록, 그리고 "무(無) 성장" 방침을 따라가지 않도록 하기 위해서는 하나님과 나 자신에 대한 지식을 확장시켜야만 하고, 또 나의 전 삶이 변화되어야 한다. 성장에는 역동적인 과정이 필요하다.

하나님에 대한 지식의 확장
 우리가 하나님에 대한 지식을 넓히기 위해서 제일 먼저 해야 할 것은 가장 안쪽에 있는 원을 확대시키고, 우리가 알고 행해야 할 하나님에 대한 진리들을 발견해 나가는 것이다.

 그림의 가장 안쪽에 쓰여져 있는 모든 단어들은 하나님의 특성과

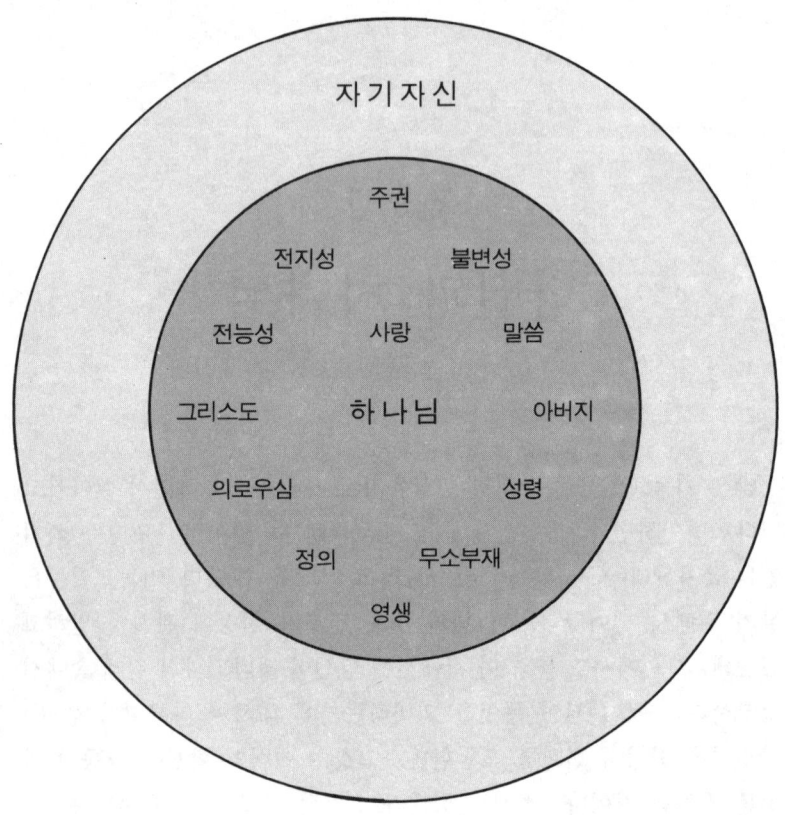

속성들을 나타낸 것이다. 우리가 하나님과의 관계를 발전시켜 나가기 위해서는, 각 단어들의 뜻과, 또한 우리의 삶에 있어서 각 단어들이 함축하고 있는 내용을 알아야만 한다.

나는 진리가 필요하며 하나님의 말씀은 그 진리를 담고 있다. 나는 그 진리를 이해할 수 있는 능력이 필요하며, 하나님의 영은 나에게 그것을 가르쳐 줄 것이다. 나는 내적 혼란을 극복할 수 있는 힘이 필요하며, 하나님은 전능하신 분이시다. 나는 따라야 할 모범이 필요한데 그리스도는 인간의 몸으로 오신 하나님이시고, 나는 규범이 필요한데 하나님은 공의로우시다. 나는 용납이 필요한데 하나님은 사랑이시며, 내 안에 계신 분이 누구인지 알 필요가 있는데, 바로 그분, 하나님이시다.

원 내부에 있는 항목들은 대표적인 것들이며 하나님의 속성 전부를 다 나타낸 것은 아니다. 그 속에는 어떤 우선 순위도 지정되어 있지 않으며, 어느 한 속성이 다른 속성보다 더 중요한 것도 아니다. 삼위일체 중에 어느 한 위(位)가 다른 위(位)보다 더 중요한 것도 아니다. 우리는 여기에 나와있는 모든 개념들 하나하나와 상호 작용을 함으로써 성장할 수 있다.

우리의 의무는 하나님에 대한 모든 진리들을 알고 행하는 것이다. 그것이 바로 바울이 에베소인들에게 '유익한 것은 무엇이든지 꺼림이 없이 너희에게 전하여 가르치고… 꺼리지 않고 하나님의 뜻을 다 너희에게 전하였음이라(행 20 : 20, 27)'고 말한 이유이다. 후에 바울은 다시 에베소인들에게 '하나님의 전신 갑주를 입으라(엡 6 : 11)'고 격려했다. 바울 자신의 삶의 철학이 이것을 입증했다. 왜냐하면 '그 안에는 신성의 모든 충만이 육체로 거하시고(골 2 : 9)'라는 사실 때문에 바울은 '그리스도를 알기를(빌 3 : 10)' 원했다. 베드로는 그의 두 번째 편지에서, 우리가 미혹에 이끌려 굳센 데서 떨어지지 않을 수 있는 유일한 길은 '오직 우리 주 곧 구주 예수 그리스도의 은혜와 저를 아는 지식에서 자라가는 것(벧후 3 : 17~18)'이라고 강조했다.

신학자 패커(J. I. Packer)는 "우리는 현대의 정신 즉, 인간에 대해서는 위대한 사고를 생산시키고, 하나님에 대해서는 사고의 여지가 거의 없는 그러한 정신에 순응하고 있다. 그리고 우리는 스스로 '하나님과 우리가 멀리 떨어져 있도록 하나님께서 그렇게 만드신 것'이라고 말한다."[1] 하나님에 대한 지식이 확장되고 깊어져 가지 않는 기독교인들은 마치 지도자도 없고, 경기 규칙도 없고, 경기 스케줄도 없고, 경기장도 없고, 훈련 계획도 전혀 없는 선수들과 똑같다. 그들은 선수들로서 자신들이 입고 있는 운동복 한 가지로 선수의 자격을 의지하고 있는 셈이다.

다윗은 시편 139편에서 그가 하나님을 알고, 하나님의 특성을 이해하게 되었고 하나님의 어떤 속성들을 그 자신의 인간적인 경험에 연관시켜 알게 되었다는 것을 기록하고 있다. 1절부터 6절까지 다윗은 그가 알고 있는 가장 복잡하고 혼란스러운 삶, 곧 그 자신의 삶을 알고 계신 하나님의 전지성을 강조한다. '여호와여 주께서 나를 감찰하시고 아셨나이다(시 139 : 1)' 7절부터 12절까지에서 그는 그가 이제까지 알고 있었던 것 중에서 가장 복잡미묘한 존재인 자기자신과 하나님의 전능성을 연결시킨다. '주께서 내 장부를 지으시며 나의 모태에서 나를 조직하셨나이다(시 139 : 13)' 19절로 24절에서 다윗은 인간의 죄를 하나님의 거룩하심과 정의로우심에 대면시킨다. 그리고 그 속에 자기 자신을 개인적으로 깊게 몰입시킨다. '여호와여 내가 주를 미워하는 자를 미워하지 아니하나이까(시 139 : 21)' 마지막 나머지 절들에서는 그가 거룩하신 하나님께 자기 자신의 마음을 살펴달라고 요청하면서 다윗은 하나님의 거룩하신 속성과 죄문제를 좀더 자기 것으로 내면화시킨다(시 139 : 23~24). 그는 참으로 하나님을 자기 삶의 최우선으로 놓았던 사람이었다. 그가 어떤 우선 순위 목록의 제일 처음에 하나님을 적어 놓았기 때문이 아니라, 그는 좀더 깊게 그의 창조주와 구세주를 알 수 있도록 그 자신과 하나님에 대한 의무들을 충실히 이행하고 있었다.

우리는 하나님을 사랑해야 하는데, 그 말에는 하나님의 명령을 지키라는 뜻이 포함되어 있다. 하나님은 우리가 하나님에 대해 알도록 우리에게 명령하시며, 하나님을 아는 것은 모든 믿는 자들의 삶에 있어서 중요성을 부여해야 하는 일생의 임무이다. 우리가 하나님을 알아가게 될수록, 우리는 우리 자신의 필요가 충족되도록 행하고 있는 셈이다.

우리는 하나님을 알아야 할 필요가 있다. 사람과 하나님의 역사하심과의 상호 작용은 바로 기독교인의 기본적인 의무 중의 하나이다. 그것이 최고의 우선 순위이다.

우리 자신에 대한 지식의 확장

성장의 대상인 당신이란 존재는 육체, 혼, 그리고 영—물질적인 면과 비물질적인 면—의 놀라운 복합체이다. 다음의 원 모형도를 이용하여 자기 자신의 원을 확장시키고, 좀더 이해가 필요한 부분들, 그리고 하나님의 뜻과 일치해야 할 부분들을 살펴보자.

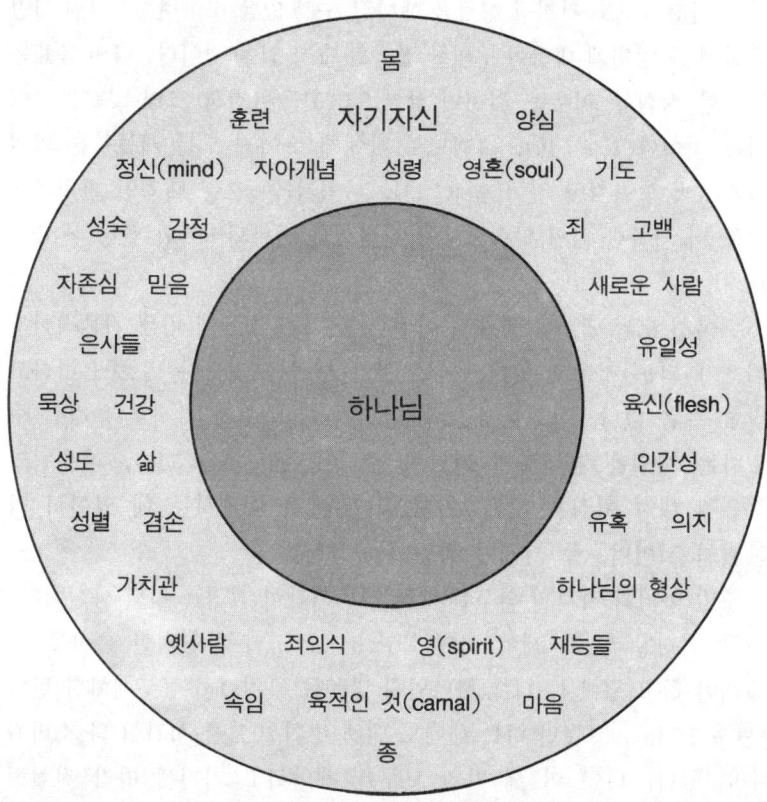

우리는 몇 가지 질문들을 해 볼 필요가 있다. 자기 자신의 여러 영역들 중에서 어느 것이 가장 중요한가? 어느 것이 우선 순위를 차지하는가? 몇 달 동안 미룰 수도 있는 것은 어떤 것인가? 어떤 것이 선택의 여지가 있는가? 헌신을 요구하는 것은 어떤 것인가?

당신은 이미 대답을 알고 있을 것이다. 각각의 영역들이 모두 중요하다. 나는 각 영역에 대하여 하나님의 말씀이 무엇을 가르쳐 주고 있는가를 이해하고, 그런 진리들이 어떻게 나에게 적용되는가를 분별하여 순종할 필요가 있다.

주어진 모든 것을 나는 한번에 다 할 수가 없다. 그러나, 건강하다면 나는 완전하고도 건전한 성장을 해나갈 수가 있을 것이며, 주어진 시간 동안에 각 영역에 대하여 주의를 집중할 수가 있을 것이다. 나의 목표는 온전한 성화를 이루는 것이며(살전 5 : 23), 완전히 그리스도와 같이 되는 것이다(갈 4 : 19). 그러므로 나에게 주어진 모든 재능들은 의의 병기로써 드려져야 하며(롬 6 : 13), 나의 몸과 모든 내적인 가치들은 더욱 더 거룩한 삶의 양식으로 점진적으로 변화되어야만 한다(롬 12 : 1~2).

주어진 모든 영역들 중에서 어떤 것은 다른 것들에 비해 기본적이고 기초가 되는 것들도 있다. 아는 것이 행하는 것보다 더 중요하다고 말할 수는 없다. 야고보서는 두 가지가 다 중요하고 서로 분리될 수 없다는 사실을 분명하게 가르쳐 준다(1 : 22~25, 4 : 17). 예수님의 죽음에 대한 지식은 기독교인의 삶(롬 8)을 이해하는 데 있어서 기본적인 것이며, 두 가지가 똑같이 중요하다.

뿐만 아니라 각각의 의무를 행하는데 시간이 걸리는 것도 사실이다. 나는 쉬지말고 기도해야 하며(살전 5 : 17), 나의 영적인 은사를 사용해야 하고(딤전 4 : 14), 하나님의 말씀을 부지런히 공부해야만 한다(딤후 2 : 15). 그것만 하는 데에도 내게 주어진 모든 시간이 다 소비될 수도 있다. 나는 이 세 가지 모두를 해야하고 거기에 따라 적절히 시간도 분배해야 할 책임이 있다.

'자기 자신'이라는 원 내부에 기록된 항목들은 어떤 한 사람의 선택일 뿐이다. 그것은 다른 항목들로 대치될 수도 있고, 결합될 수도 있고 분리될 수도 있고, 추가될 수도 있다. 요점은, 하나님께서는 나의 전인격을 통해 일하시기를 원하시며, 또 나의 전인격은 극히 복합적이라는 것이다. 하나님의 명령은 일반적으로 또 구체적으로 이 모든 영역에 연결되어 있다. 즉, 나는 이 모든 영역들 속에서 성장, 곧 확장과 변화를 해야만 한다. 하나님께 순종하고 나 자신을 올바로 사랑하는 것은 내 삶의 각 영역에서 하나님의 뜻을 알고 행하는 것이다. 이것은 나 자신에게 최고의 우선 순위를 주어야 한다는 것을 의미한다.

기독교인의 삶의 다양한 양상 속에서 자신의 의식을 확장시키고 행동의 변화를 일으키는데 도움이 되는 자료들이 많이 있다. 그러므로 이런 주제들 모두를 각각 다루지는 않겠지만, 대신에 두 가지의 영역들만을 선택해서 어떻게 그것들이 다루어져야 하는지를 보여 주고자 한다.

분별력

그리스도인의 삶을 사는 과정에는 믿고, 이해하고, 분별하고, 행하는 일들을 포함한다. 성경은 적어도 이 네 가지의 단어들을 삶의 과정을 설명하는데 사용한다. 분명히 다른 여러 단어들도 있지만, 그중에서도 '분별력'의 개념을 선별하여 다루고자 한다.

분별하는 것은 이해하는 것과 행하는 것의 중간 정도에 있는 개념이다. 나는 내가 아는 것(이해하는 것)을 주어진 삶의 상황과 연결시켜서 내가 무엇을 해야 하는지를 분별해야만 한다. 예를 들면, 로마서 12장 2절에 있는 '마음을 새롭게 하라'는 말씀의 의도는 하나님의 뜻이 무엇인지를 분별하기 위함이다. 분별한다는 것은 시험해 보고, 조사하고, 해석해 내고, 무엇인가를 해결할 때까지 충분히 생각하는 것을 의미한다.[2] 이런 사실을 아는 것도 중요하지만, 사실 그 자체만으로는 아무 역할도 하지 못한다. 사고의 저장소에서 그 사실들을 꺼내어 사용해야만 한다. 즉 사실들이 어떤 상황에 적용될 수 있는지, 어떻게 적용되는지에 대해서 결정을 내리기 위하여 시험해 보아야 한다. 이러한 분별의 과정 속에서 나는 하나님의 뜻과 조화를 이루는 행동을 결정할 수가 있다.

'분별하는 자'는 각각의 주어진 독특한 삶의 상황 속에 처해 있기 때문에 항상 깨어 있어야 하고, 정신을 차리고 있어야 한다. 그러므로 바울은 데살로니가인들에게 '범사에 헤아려 좋은 것을 취하고 악은 모든 모양이라고 버리라(살전 5:21~22)'고 가르친다. 히브리서의 기자는, 성숙이란 '선악을 분변하도록(살전 5:14)' 고도로 훈련된 개인의 통찰 능력의 결과라고 말한다.[3]

교회에서 치룬 결혼식에 참석했던 나는, 식이 끝난 후 자리에서 일어나면서 조금 떨어진 곳에서 외투를 입고 있는 어떤 사람에게 "안녕하세요!"하고 가볍게 인사를 했다. 그는 나를 바로 지나쳐서 다른 곳으로 시선을 주고는 아무런 말이 없었고, 아는 체하는 기색도 전혀 없었다. 서로가 자주 만나지는 않았지만 그래도 가끔씩은 얼굴을 마주친 적이 있었던 사람이다. 그가 고의로 나를 모른척 했던 것인가? 내 말을 듣지 못했거나, 내가 누구인지 기억을 못하는 것인가? 화를 내야 하는가, 자존심의 문제로 참아야 하는가, 아니면 당황해야 하는가? 이런 저런 생각들과 감정이 한꺼번에 내 속에서 터져 나왔지만, 나는 내적인 그리고 외적인 정보들을 정확하게 처리하여 하나님께서 기뻐하시는 어떤 반응을 해야만 한다. 차가 주차되어 있는 곳으로 가는 동안에 나는 그가 그때 다른 사람에게 신경을 쓰느라고 나를 보지 못했거나 내 인사를 듣지 못했으리라고 결론을 내렸다. 그것이 전부였다. 더 이상 그 문제로 고민하지 않기로 했다.

그것이 작동하고 있는 분별력의 한 예이다. 어떤 경우에는 분별하는 데에 시간이 걸리기도 한다. 우리는 시간과 노력을 투자할 용의가 있어야 한다. 또 어떤 상황에서는 순간적으로 처리할 수도 있다. 때로는 일이 끝나고 나서야 비로소 우리가 그일을 어떻게 처리했어야 했는가를 분별하기도 한다. 그렇게 하면서 성장하는 것이다. 또 어떤 때에 우리는 하는 일에 너무나 익숙해졌기 때문에 자동적으로 상황에 맞는 태도를 취한다. 예를 들면, 신호등에 빨간불이 들어왔을 때 우리는 어떻게 해야하는가를 고민하지 않고 곧 바로 차를 멈춘다. 성경은 삶의 상황들이 우리로 하여금 어떻게 행할 것인가를 결정하도록 요구하고 있다고 말하며, 이러한 결정과 분별의 과정이 바로 우리가 성장해야 하는 영역이라고 가르친다.

우리는 분별하는 과정을 무시하고 싶은 유혹을 늘 받는다. 이것이 너무나 많은 시간과 노력을 요구하기 때문이다. 이미 가보았던 길에서 작동법도 잘 아는 차라면, '자동속도 유지장치'로 속도를 고정 시켜 놓고서 인생의 고속도로를 여행하고 싶을 것이다. 그렇게 할 수도 있다. 하지만 우리는 여전히 멈추어야 하고, 생각해야 하고, 시험해 보아야 하는 여러 가지 새로운 것들을 만나게 된다. 하나님께서는 우리가 지혜롭게 행하기를 기대하신다. 우리가 항상 자동적으로 일을 처리할 수 있는 것만은 아니다.

반면에, 항상 분별만 하느라고 결정을 내리지도 못하고 인생을 살아가는 사람도 있다. 하나님께서는 우리가 알고, 분별하고, 행하기를 기대하신다. 그렇게 하는 동안 실수를 할 때도 있을 것이다. 그러나 실수함이 없이는 발견하는 것도 있을 수 없다. 나의 목표는 분별력을 가지고 생각하며 행하는 사람이 되는 것이다. 이것이 개인 성장의 여러 영역들 가운데 최우선 순위를 차지하는 것 중에 하나이다.[4]

감정

믿는 성도가 본래부터 가지고 있는 잘못된 감정 하나를 들어보라. 대답하기 전에 자신의 분별력을 연습해 보라. 올바른 대답은 그런 것은 없다는 것이다. 감정 그 자체가 나쁜 것은 하나도 없다. 어떤 감정이든지 옳을 수도 있고, 또 잘못된 것일 수도 있는데, 그것은 우리가 그 감정을 경험하게 되는 원인과 그것을 표현하는 방법에 달려있다. 우리의 구원의 즐거움은 옳은 것이나, 당신의 반대자가 당황했을 때 기뻐하는 것은 잘못된 것이다. 죄의 결과에 대한 분노는 정당한 것이지만(막 3 : 5) 과장된 자만심을 공격당한 것에 대한 분노는 잘못된 것이다.

어떤 감정이 다른 어떤 감정보다 더 중요한 것은 없다. 하나님께서는 우리에게 감정의 전 영역을 경험하고 표현할 능력을 주셨다. 우리의 의무는 감정 표현을 성경적으로 하는 법을 배우는 것이다. 걱정, 근심, 염려의 감정들을 예로 들어 보자. 모두 정당한 감정들인가? 물론 정당할 수 있다. 예수님께서는 유다의 배반 행위에 대해 심령에 '민망해 하셨다(요 13:21)'. 바울은 실족하게 된 신자에 대해서 '극히 염려하였다(고후 11:29)'. 디모데는 신자들에 대한 그의 '진실된 염려로 인해 보냄을 받았다(빌 2:20)'. 당신은 반항적인 청소년으로 인해, 혹은 같은 기숙사에 있는 제멋대로 행동하는 친구로 인해, 애정이 없는 남편 때문에, 또는 불행한 친구로 인해 고민하고 있지는 않은가? 이 모든 감정들은 정당할 수 있으며, 또한 나름대로 고결하다고까지 할 수 있다. 하나님께서는 우리에게 다른 사람들에 대해 염려하고 걱정할 수 있는 능력을 주셨다. 하나님은 우리가 그 능력을 사용하기를 기대하신다.

하나님께서는 또한 우리 자신에 대해서도 관심을 가질 수 있는 능력도 주셨다. 하나님께서는 우리가 그것도 사용하기를 원하신다. 예수님께서는 십자가에서 일어날 일에 대하여 괴로와하셨다(요 12:27). 그것은 개인적인 고통을 요구하는 새롭고, 상이하고, 불길하며, 싫은 사건이었다. 예수님께서는 인간적으로, 감정적으로, 그리고 정당하게 반응했다. 당신도 학교에서 시험을 볼 때, 직장의 면접 시험을 보러갈 때, 연설할 때, 진찰을 받으러 갈 때, 이와 같은 식의 감정을 경험했을 것이다.

이 모든 감정들은 정상적인 것이다. 바울은 죄에 흠뻑 젖은 고린도인들의 죄를 깨닫게 하기 위해 진리의 말씀을 사용했다. 그들의 회개는 그들을 감정적으로 아프게 하고 근심하도록 만들었으나, 결과적으로는 그렇게 느끼는 것이 그들에게 유익이 되었다(고후 7:8~13).

그러나 감정에는 또 다른 면이 있다. 예수님께서는 제자들에게 그가 그들을 떠나실 것이라고 말씀하셨다(요 13:31~38). 이 말씀은 제자들을 감정적인 혼란 속으로 몰아 넣었는데 그것은 마치 어머니가 어린 아이를 혼자 버려두고 떠나려 할 때, 그 아이가 나타내는 반응과도 같은 것이었다. 예수님께서는 그들이 그렇게 느낄 필요가 없다고 말씀하셨다(요 14:1). 마치 어머니가 울고 있는 어린 아이를 달래면서 안심시키는 것과 같은 장면이다. 이런 경우에 그들의 근심은 잘못된 것이다.

이러한 제자들의 타당치 못한 감정을 처리하도록 도와주시기 위해서 예수님은 무엇을 하셨는가? 예수님은 그들의 상황과 관계있는 사실들, 곧 자신이 어디로 갈 것이며 무엇을 할 것인지, 그리고 다시 올 것에 대한 사실들을 알려 주셨다(요 14:2~24). 마치 어머니가 아이에게 말해 주는 것과 같은 내용이다. 예수님께서는 이러한 사실들이 평안을 체험할 수 있도록 도와줄 것이라고 말씀하셨다(요 14:25~27). 그러나 예수님께서는 그들이 알고 싶어하는 모든 사실들을 다 알려줄 수가 없었기 때문에, 그들에게 믿음을 가지라고 권고하신다(요 14:1). 우리는 이제까지 상황과 관련된 사실들을 정말 다 알고 있는가? 그렇지 못하기 때문에 우리에게는 믿음이 필요한 것이다. 그러므로 우리가 주어진 상황에 대하여 하나님의 말씀과 그분에 대한 신뢰로써 행하지 않을 때, 우리는 공연한 근심 속에 빠지게 된다. 반면 우리가 진리와 믿음 안에서 행했을 때에는, 무엇을 느끼든지 그 상황에 적절하게 대처한 것이 된다.

당신이 고등학교 3학년 때에 농구부에서 주전 선수로 발탁되었다고 가정해 보자. 농구 시즌의 3번째 경기에서 그만 발목이 부러져 선수로서 출전이 더 이상 어렵게 되었다고 하자. 당신은 어떤 심정이겠는가? '좋지 않다. 약간 우울하다. 어느 정도 좌절감을 느낀다. 조금 슬프기도 하다. 아마 화가 날지도 모르겠다.' 등 이런 감정들을 당신은 어떻게 다루겠는가? 당신의 상황과 관련된 사실들을 다시 생각해 보자. 당신의 발목이 부러졌다는 그것이 우선 당신이 받아들여야 할 기본적인 사실이다. 당신의 감정이 그 사실을 변화시킬 수는 없기 때문이다. 발목이 부러지는 것보다도 더 심한 일이 일어났을 수도 있었는데, 다행히 당신의 경우는 부러진 발목을 다시 고칠 수 있고, 다시 달리고 뛸 수가 있다. 이런 것들 또한 받아들여야 할 사실들이다. 그런 사실들이 우리의 감정에 긍정적으로 영향을 미쳐야만 한다. 왜 하필이면 나의 발목이 부러졌는가? 왜 꼭 이 시점에서 이런 일이 생겼어야 하는가? 당신은 이런 질문에 만족스런 답을 제시해 주는 새로운 사실들을 얻지 못할 것이다. 당신은 '하나님께서는 모든 것이 합력하여 선을 이루도록 하신다.'라고 배웠다. 이것이 바로 당신이 신뢰해야 하는 사실이다. 그리고 당신이 그 사실을 믿을 때에, 당신의 감정은 바르게 정립되고 당신은 평안에 거하게 될 것이다.

당신이 신뢰하는 어떤 사람과 의논하는 것도 사실을 발견하고 믿음으로 실행할 수 있는 기본적인 방법이 된다. 성경에 이런 기도가 기록되어 있다. '아무 것도 염려하지 말고 오직 모든 일에 기도와 간구로 너희 구할 것을 감사함으로 하나님께 아뢰라(빌 4 : 6)' 그 결과는 모든 지각을 초월한 평강이다. 즉 그것은 사실을 포함하지만 그것을 넘어서 믿음의 영역으로 들어가는 것이다(4 : 7).

크리스챤인 한 부인이 과부가 된 후, 몹시 괴로워하며 우울증과 술로 나날을 보내다가, 마침내 모든 것을 포기하고나서, 차고에 문을 닫고, 시동을 건 자동차 속에서 질식으로 자살을 하고 말았다. 그런데 그 가스가 난방관을 통해 위층 침실로 스며들어 그녀가 그토록 사랑스러워 하던 딸의 생명까지 빼앗아 버렸다. 그 딸은 청순하고 발랄한 십대의 소녀였다. 나는 그들 모녀를 다 알고 있었다. 온갖 감정이 다 나를 사로 잡았다. 분노, 슬픔, 그 사이에 있는 모든 감정들을 느꼈다. 나의 마음은 사실들, 곧 모든 질문에 답을 줄 수 있는 그런 사실들을 찾으며 소리치고 있었다. 그 소녀와 그녀의 어머니는 하늘 나라에 갔다. 하나님이 모든 것을 주관하시며, 그 하나님은 좋으신 하나님 이시다. 그분은 어떤 실수도 하지 않으신다. 그런 것이 내가 알 수 있는 유일한 사실들이었다. 그것은 너무나 많은 믿음의 영역을 남겨 놓았다. 나는 강한 감정의 가운데에서 평안을 경험할 수 있었다. 평안이 항상 감정의 부재를 의미하는 것은 아니다.

크리스챤들은 감정적이어야만 한다. 그것은 감정적으로 민감하고, 감정적으로 안정되어야 한다는 것이다. 나의 목표는 깊이 있고 훈련된 감정의 사람이 되는 것이다. 이것은 최우선 순위를 차지하는 개인 성장의 또 다른 영역이다.

그런데 잠깐…
당신 자신을 사랑하라!
당신 자신과 관계된, 알아야 하고 실천해야 할 하나님의 말씀을 발견하여 그것을 행하라.
믿음이 무엇이며, 당신은 어떻게 그것을 행할 수 있는지를 발견하라.
기도하는 방법을 배우고 그 방법대로 기도하라.
자만심이 무엇인지 찾아내어 그것을 제거시켜 버리라.
적절하고 정확한 자아 개념을 발전시키라.
당신의 가치관을 명백히 정리하라.
당신의 재능을 발견하라.
당신의 성적 관심에 대해 그 현상과 의미와 실행에 대해서 연구하라.
당신은 자주 자기 기만에 빠진다는 사실을 인식하라.
당신은 하나님의 형상을 따라서 창조되었다는 진리를 숙고해 보라.
당신의 영적인 은사를 사용하라.
당신의 양심을 깨끗이 하라.
깊게 느끼라.
삶을 즐기라.
죽음을 직면하라.
당신의 몸을 올바로 다루라.
육신적인 것을 정복하라.

성령님께 의존하라.
겸손하라.

이런 것들은 자기 중심적인 교육 과정 처럼 들린다. 바로 그것이다. 왜냐하면 그것이 우리에게 필요한 것이기 때문이다. 하나님께서는 우리가 우리 자신, 세상, 교회, 가정, 정부, 일 속에서 하나님의 뜻에 따라 영향을 줄 수 있는 삶을 살도록 하기 위해서, 우리 삶의 전 영역에 관여하시고, 전 영역을 변화시키시기를 원하신다. 만약 내가 나 자신을 최우선 순위에 놓지 않는다면, 그러한 변화는 일어나지 않을 것이다.

8장 주해

1) J. I. Packer, Knowing God (Downers Grove, III : Inter-Varsity Press, 1973), p. 6.
2) H. Haarbeck, "dokimos", The New International Dictionary of New Testament Theology, ed. Colin Brown, III (1978), 808.
3) 이런 개념의 분별력을 다루고 있는 다른 본문들로는 고린도전서 11 : 28 ; 고린도후서 13 : 5 ; 갈라디아서 6 : 4 ; 에베소서 5 : 10 ; 빌립보서 1 : 10 ; 요한일서 4 : 1 등이 있다.
4) 열왕기상 3장은, 분별력에 대해 교훈적으로 가르쳐 주는 성경 본문이다. 솔로몬은 지도력의 본질은 결정을 내리는 것(decision making)임을 깨닫고 하나님께 '지혜로운 마음을 주사… 선악을 분별하게' 해 달라고 기도한다(3 : 9). 그리고 그 요청은 하나님이 보시기에 만족스러운 것이었다(3 : 10).

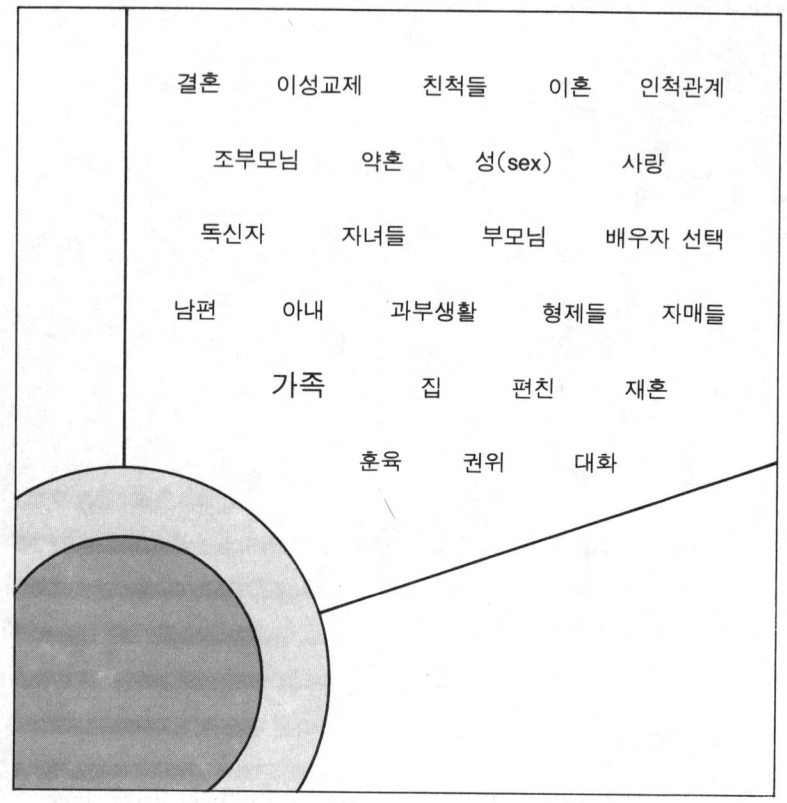

제 9 장

당신과 가족

의식의 확장

육체적인 탄생은 완전히 새로운, 중요한 가족 관계를 형성한다. 처음 아이가 탄생했을 때에 그 아이는 새로운 어머니와 아버지, 그리고 새로운 조부모님들, 아저씨들, 아주머니들, 그리고 사촌들과 함께 그 집의 아들 또는 딸이 된다. 영적인 탄생이 일어났을 때에, 그 역시 가족에게 또 커다란 영향을 미치게 된다. 왜냐하면 이 모든 관계 속에 새로운 의무들이 추가되기 때문이다. 예를 들어 부모들이 크리스찬이 되었을 때, 그들의 자녀들을 성경적으로 양육할 특권과 의무를 갖게 된다. 부부가 구원을 받았을 때에, 그들은 성경적인 진리를 그들의 결혼 생활에 융화시킬 수가 있게 된다. 이 장에서 우리는 이런 관계와 의무에 대한 우리의 의식을 넓혀가게 될 것이다. 앞의 그림에서 우리는 가족에 해당하는 부분을 확대시켜 보았다.

보는 관점

첫째, 우리가 명백히 아는 것을 다시 한번 되풀이 해보자. 가족은 다른 관계보다 더 중요하지도 않고 덜 중요하지도 않다. 가족은 교회나 직업, 그리고 다른 관계들과 똑같이 중요하다. 우리가 중요한 이웃에 관하여 토론함에 있어 가족을 먼저 거론한 것은 사실이지만, 그것이 다른 것보다 더 중요하다는 것을 보여주려고 그렇게 한 것은 아니다. 다른 것들을 먼저 거론할 수도 있었다. 중요한 것은 각장의 순서를 배열함에 있어 어떤 순위가 의도되었던 것은 아니라는 것이다.

둘째, 어떤 사람들은 아무 의심없이 가족의 우선 순위를 주장할 것이다. 왜냐하면 가족은 교회와 인간이 만든 정부보다 훨씬 앞서서 창세에서부터 시작되었기 때문이다. 그런 사실이 가족을 더 중요하게 취급할 이유가 될 수 있는가? 그렇지는 않다. 오랜 연수가 반드시 우월성을 의미하는 것은 아니다. 창세기에 보면 세상과 일도 가족보다 먼저 있었다. 그렇다고 그것들이 더 중요하다고는 할 수 없다. 하나님의 시간표에 따르면 천국은 가장 나중 순서에 온다. 그렇다고 그것이 덜 중요하다고는 말할 수가 없는 것이다.

셋째, 앞의 그림에서 가족에 관계된 단어들을 보면, 사람들과 개념들, 그리고 기능이 동일한 것으로 다루어져 있음을 볼 수 있다. 남편은 사랑의 개념을 택해서 그것을 아내와 함께 실천하는 사람이다. 대화는 우리가 이해해야 하는 개념이고, 또 우리가 실천해야만 하는 활동이다. 우리는 우리의 가족 구성원들과 반드시 대화를 해야하고, 가족의 구성원들은 다른 사람들보다 대개는 더 많은 의미를 가지고 있다. 가족 구성원들 사이에는 특별히 중요한 관계가 있으며, 이런 여러 모습의 가족 관계 속에서 서로에 대해 특정한 의무를 지니고 있다.

넷째, 이 가족 관계와 의무들 가운데는 어떠한 우선 순위의 체계가 없다. 부모들이 자녀들보다 더 중요하지도 않으며, 남편들이 아내들보다 더 중요한 것도 아니다. 결혼이 독신보다 더 중요한 것도 아니며, 결혼식 자체가 두 사람 사이의 사랑보다 더 중요하다는 것도 아니다. 사랑이 훈계보다 더 중요한 것도 아니고, 순종하는 것이 가장으로서의 권위보다 더 중요한 것도 아니다. 이 모든 영역들 각각에 필요한 성경적인 가르침이 있으며, 그렇기 때문에 그 영역들 하나하나가 중요하면서도 반드시 필요한 것이다.

다섯째, 가족 부분에 제시된 항목들은 선택적인 것이다. 각 항목들은 여러 개의 상세한 부분들로 나누어 구분할 수 있다. 예를 들면, 친척들은 아주머니들, 아저씨들, 사촌들, 조카들 등으로 구분할 수 있는 것이다. 또 다른 문제들과 항목들을 더 추가시킬 수도 있다. 그것은 입양, 가족 계획, 신체 장애자, 혼전 상담(역주 : 결혼 전에 결혼에 대한 준비를 도와주는 상담), 동성 연애, 융화, 성교육, 이혼 후 부양비 등 많은 항목들이 가족에게 연결되어 있다. 우리가 해야 할 일은 현재 우리의 가족관계와 의무들은 어떤 것들인지를 결정하고 그것을 수행하는 것이다.

개인으로서의 당신

자식으로서의 당신은 부모님들을 공경하고 순종할 책임이 있다(엡 6 : 1~4). 당신에게 형제 자매들이 있다면, 당신은 "손해 없이 대등하게 대우 받겠다."는 식으로 행해서는 안된다(롬 12 : 17~18). 독신인 젊은 사람이라면, 다른 이성과의 모든 관계를 순수하게 지켜야 한다(살전 4 : 1~8). 미래의 결혼 상대자를 구하는 사람이라면, 당신은 성경적인 결혼관을 발전시켜 나갈 수 있는 기독교인인 상대를 구해야만 한다(고전 7 : 39). 미혼이라면, 당신은 당신의 자아 개념, 성적 욕망, 영적인 잠재력에 대해 적절한 이해를 가지고 있어야 한다(고전 7 : 1~40).

당신은 독신자로서 어느 위치에 있는가? 당신은 다른 이성과의 관계에서 현명하게 행한다는 것이 무엇을 의미하는지 알고 있는가? 그렇게 실천하고 있는가? 당신은 영적인 분별력을 가지고 건전한 자아 개념을 형성하고 있는가? 당신은 당신의 성적인 욕망을 하나님의 계명에 맞게 조절하고 있는가? 만약 당신이 과부거나, 이혼한 경험이 있다면, 성경적 분별력을 가지고 올바른 사고를 하고, 올바른 감정을 경험하고 있으며, 올바른 활동들을 하고 있는가?

당신이 혼자일 경우, 당신이 몇 살인지에 관계없이 그리고 얼마나 오랫동안 독신이었는지 관계없이, 당신은 행해야 하는 많은 성경적인 의무들을 알고 있으며, 그런 의무들을 알고 행할 필요가 있다. 당신에게는 그것이 최우선 순위이어야만 한다. 당신이 결혼하게 되면, 그리고 결혼했을 때에만 정말로 하나님의 뜻을 행할 수 있다는 생각에 현혹되지 말라.

배우자로서의 당신

결혼은 협력이라 할 수 있다. 협력 관계는 두 사람 다 각기 맡은 일을 제대로 수행할 때에 성공적이라고 말할 수 있다. 때때로, 혹은 위기가 생길 때뿐 아니라 규칙적으로 의무를 수행해야 한다. 남편은 아내를 사랑해야 하고 인도해야 한다(엡 5:25~33). 아내는 남편에게 복종해야 하고 존경해야 한다(엡 5:22,33). 두 사람이 다 각각 부모를 떠나 연합하여, 일체감을 형성해야 한다(창 2:24). 두 사람 다 숨김없이 성적으로 서로를 주어야만 한다(고전 7:2-7), 남편은 그의 아내를 이해하도록 노력하고 그녀를 동등하게 대우하여야 한다(벧전 3:7). 한쪽 배우자가 기독교인이 아닐 때에 다른 한쪽 배우자는 정결하고 올바른 삶의 방식으로 배우자를 주님께 이끌도록 노력해야만 한다(벧전 3:1~6). 서로에게 대화하는 말들은 항상 참되고 적절하며, 상처를 주기보다는 덕을 세우도록 하고, 갈라놓기보다는 서로 일치하는데 도움이 되도록 해야 한다(엡 4:25~32).

배우자들도 여전히 그들의 부모에게는 아들이고 딸이다. 그들은 자신의 부모님들과 또한 상대편 배우자의 부모님들(인척 관계)과도 적절한 관계를 맺어야만 한다. 배우자들은 완벽하지 않으며, 자기 중심적인 경향이 있고, 어울리기 힘들고, 고집 세고, 대화하는 기술도 부족하고, 지나치게 의존적이거나 또는 지독하게 독립적이거나, 심지어는 부정한 일을 저지르기까지도 한다. 이런 증세들은 어떤 결혼에서도 나타날 수 있다. 배우자들은 그런 증세들을 방지하거나 다루기 위해 필요한 조치를 취하려는 의지가 있어야만 한다. 만약에 별거나 이혼이나 사별이라도 하게 된다면, 그들은 완전히 새로운 일련의 감정들과 관계들을 다루어야 할 것이다. 그들이 재결혼하게 되면, 그들은 이 새로운 관계가 성공되도록 하기 위해 특별한 주의를 기울여야만 한다.

현재 당신의 결혼 생활은 어떤 상태에 있는가? 현재 지니고 있는 성경적인 의무는 어떤 것인가? 당신은 어떤 영역들을 방치해 왔는가? 당신은 상대방의 필요들을 어떻게 충족시켜 줄 수가 있는가? 8장의 내용을 잠시 생각해 보면, 당신은 결혼 생활에서 반드시 행해야 할 것이 무엇인지에 대한 분별력을 향상시켜 나가고 있는가? 당신은 당신의 감정을 생산적인 데에 사용하고 있는가, 아니면 당신과 다른 관계들을 파멸시키는 데에 사용하고 있는가? 당신의 배우자와 당신과의 관계는 최우선 순위에 두어야 할 의무이다. 당신도 그렇게 순위를 부여하고 있는가?

부모로서의 당신

자녀들을 기르게 되면서부터 당신은 그들을 가르치고, 훈육시키고, 바르게 하고, 지도해야 할 책임을 지고 있다(신 6:4~9; 엡 6:4). 자녀가 생길 때마다 당신에게는 또 하나의 최우선 순위의 책임이 주어지는 것이다. 한번 생각해 보라. 아이들은 부모가 충족시켜 주어야 할 끊임없이 변화하는 필요를 가지고 있다. 부모들은 자녀들을 충족시켜 주어야 하는 기본적인 필요들 위에 더하여 변화하는 필요들도 채워주어야 한다. 당신이 하나님의 명령을 잠시 중지시킬 수 없는 것처럼 이런 필요들도 기다리라고 잠시 중지시킬 수는 없다. 그럴 수도 있겠지만, 그렇게 하면 결과가 곧 되돌아 온다.

아이들은 놀아 주어야 하고, 책도 읽어주어야 하고, 산보도 같이해 주어야 하고, 안아주기도 해야 하며, 그들이 성장함에 따라 독립심을 기르기 위해 놓아 주어야 할 필요도 있다. 부모들은 신념을 넣어주기 위해 자녀들을 설득하고 가르쳐야지 억지로 강요만 해서는 안된다. 부모들은 또한 자녀들 각각의 독특성을 인정해야만 한다. 우리는 아이들이 형이나 언니 혹은 우리처럼 되도록 기대하고 또 그것을 강요하도록 늘 유혹을 받는다. 자녀들은 부모들을 슬프게 만들기도 하기에 부모들은 걱정을 많이 한다. 대개의 경우에 그것은 정당한 걱정들이다. 자녀들은 성장하면 집을 떠나 결혼을 하게 된다. 부모들은 그때에 새로운 인척이 되고, 조부모들도 되고, 상담자의 역할도 하고, 때로는 시시한 일도 문제삼거나 자녀들의 결혼 생활의 참견자가 되기도 한다.

부모의 역할은 최고의 우선 순위가 되시는 하나님께서 우리에게 주신 책임이다. 하나님께서 부모로서의 당신에게 무엇을 기대하시는지 알고 있는가? 당신은 그렇게 행하고 있는가? 당신은 부모의 역할을 주말과 휴가 기간 동안에만 행동에 옮기는 것은 아닌가, 아니면 그것을 매일, 매년의 책임이라고 생각하는가?

사랑하는 능력을 넓히기

우리는 잠시 동안 가족의 일반적인 영역들을 간단히 살펴보았고 그것의 구성 요소들을 조사해 보았다. 자, 이제는 좀더 구체적으로 '사랑'이라는 특정한 영역에 대해 알아보자. 우리는 앞에서 사랑은 명제적인 측면을 가지고 있다는 사실, 즉 계명을 지키는 것이며 개인적인 측면도 있다는 것을 발견했다. 그것은 주도권을 잡고 정당한 필요들을 충족시키기 위해 올바르게(때로는 희생적으로 까지도) 행하는 것이다.

이 진리는 가정에서도 절대 필요한 것이다.

배우자를 사랑하기

남편들이여, 자신의 아내를 사랑하라! 어떻게 그렇게 하는가? 주도권을 잡고 아내의 필요들을 충족시켜 주기 위해 희생적으로 행하라.

아내는 무엇이 필요한가? 음식과, 입을 옷과 잠잘 곳을 제공해 주고 아이들을 돌보아 줄 수 있는 남자가 필요하다. 그렇다면 그렇게 하라.

아내는 쎄새미 스트리트(Sesame Street ; 역주 : 어린 아이들을 위한 텔리비젼 프로그램 중의 하나)를 보고 지적인 자극이 더해진 아이들과 하루 종일 끊임없이 수준 높은 대화를 하며 집에서 보낸다. 무엇이 그녀에게 필요한가? 어른과의 교제와 대화가 필요하다. 그것을 공급해 주라. (당신 또한 하루 종일 어른들과의 관계 속에서 지냈기 때문에 조용한 시간이 필요하다는 것을 안다. 그러나 당신에 대한 필요는 희생하라!)

아내에게는 부드러운 애정의 표현을 해야 하고 인정해 주는 것, 긍정, 칭찬 그리고 약간의 감상적인 감정까지도 필요하다. 이런 것들 없이 지내도록 하지 말라. 주도권을 잡으라. 그리고 그렇게 행하라. (당신도 부드러운 불빛, 꿈같은 음악, 그리고 향수의 향기와 같은 분위기가 만들어 질 때까지 기다리고 싶은 심정이라는 것을 안다. 그러나 그런 감정들은 희생하라!)

아내는 남편이 새는 수도 꼭지를 고쳐주고 커튼을 달아주기를 원한다. 당신은 그렇게 해 주겠다고 몇 주 동안이나 약속해 왔다. 그것을 이행하라. (오늘이 월요일 저녁이고 바이킹과 램스의 축구 경기가 있는 날이라는 것도 안다. 그러나 그것도 희생하라.)*

아내들이여, 자신의 남편을 사랑하라! 그리고 남편들이 하는 것과 똑같이 하라. 즉, 주도권을 잡고 남편의 필요들을 충족시켜 주기 위해 희생적으로 행하라.

---

*역주 : 미국 프로축구 경기가 있는 날은 일·월·목요일이며 바이킹(Vikings)은 미네소타 주 미니에 폴리스에 연고지를 둔 팀이고, 램스(Rams)는 캘리포니아 주 로스엔젤레스에 연고지를 둔 팀이다.

남편은 아내가 정성껏 그의 점심을 준비해 주기를 원한다. 그렇게 해 주라. 남편은 식단이 다양하기를 원한다. 당근과 땅콩, 버터, 샌드위치 외에 다른 어떤 것을 원한다. 주도권을 잡고 남편을 놀라게 해 주라. 남편은 음식 이상의 것이 필요하다. 냅킨이나 바나나 위에 사랑의 메모를 써 두라. (점심 식단을 창조적으로 짜기 위해서 당신은 아침에 십 분이나 더 일찍 일어나야 하고, 냅킨 위에, 더군다나 바나나 위에다가 사랑의 메모를 쓰는 것이 익숙하지 않다는 것을 안다. 그러나 희생하라.)

남편은 자신의 일에 대해서 대화하기를 원한다. 그의 두려움과 좌절들, 그의 성공한 것들과 이상에 대해서 그가 이야기할 수 있도록 하라. 그에게 질문들을 던져보라. 그에게 집중적인 관심을 주어라. (당신은 사내답고, 강하고, 조용한 형의 남자를 좋아한다는 것도 안다. 그러나 당신의 남편도 이야기할 필요가 있다. 자세히 물어보라. 당신은 그렇게 할 수 있다. 비록 그것이 희생적일지라도.)

당신의 결혼 생활에서 이와 같이 실행해 보면, 잔소리가 훨씬 줄어들 것이다. 왜냐하면 잔소리는 결국 자신의 요구가 충족되지 않은 사람의 자연적인 반응이기 때문이다. 이처럼 필요를 충족시켜 주기 위한 활동들에 주력하면, 두 사람 사이를 떼어 놓고 분열시키려고 하는 어떤 것도 해결할 수 있는 그런 튼튼한 끈이 두 사람의 관계 속에 형성되어질 것이다. 당신이 당신의 남편이나 또는 아내의 필요에 따라 행동할 때마다, 당신은 실제로 강력하고도 심오한 방법으로, "당신을 사랑합니다."라고 하는 메세지를 전달하는 것이다. 이것을 기억하라. 주도권을 잡기가 어려우면 어려울수록, 당신 쪽에 더 많은 희생이 요구된다. 당신은 아마도 현재 당신의 배우자의 삶에서 깊은 필요를 채워주고 있는지도 모른다. 그러나 만약 당신의 배우자를 사랑하는 것이 쉽게 여겨진다면 당신은 잘하고 있는 것이 아닐지도 모른다.

자녀를 사랑하기

부모들이여 자녀들을 사랑하라!

청소년들에게 필요한 것은 무엇인가? 그들은 자신들을 위한 적당한 규칙을 원한다고 해도 실은 거의가 없기를 원한다. 부모들의 차를 타고 돌아다니기를 좋아하고 (자기 차가 있으면 더욱 좋고), 전화 사용하는데 시간 제한이 없기를 원하고, 다른 사람들(특히 선생님들, 부모님들, 그리고 어린 동생들)을 이기려고 권리를 주장한다. "어디가니?"(그냥 밖에) 또는 "뭐 했니?"(아무 것도 안 했어.)라는 등의 질문에 퉁명스러운 대답으로 얼버무릴 자유를 원한다.

부모로서 당신은 어떤 필요들이 정당한지 그러한 필요들을 충족시켜 주기 위해서는 어떤 행동들이 적절한지를 분별해야 한다. 다른 말로 표현하면, 당신은 청소년기에 있는 당신의 자녀가 하나님의 계명들 중 어느 것을 순종할 것인지, 그리고 그들이 순응해야 할 하나님의 계명들은 어떤 것인지를 결정해야만 한다.

예를 들면, 하나님께서는, '너희는 모든 악독과 노함과 분냄과 떠드는 것과 훼방하는 것을 모든 악의와 함께 버리고(엡 4:31)'라고 명령하셨다. 이 말씀은 남의 험담하기를 좋아하는 청소년들에게 어떤 기본적인 제한을 주며, 또한 심한 말로 자녀들에게 함부로 대하는 부모에게도 책임을 부여한다(엡 6:4). 자녀들은 하나님의 말씀을 순종해야 한다. 만약 그들이 순종하지 않는다면 책망을 받아야 하고, 반대로 순종하면 칭찬을 받아야 한다. 사도 바울은 책망과 칭찬 두 가지 모두를 실천했다(비교-고전 1:10~17; 살후 1:3~4). 다른 사람들을 얕보기 좋아하는 자녀들은 부드럽지만 단호하게 그러한 행동은 잘못된 것이라는 사실을 지적받을 필요가 있다. 그것이 당신의 자녀를 사랑하는 방법 중의 하나이다. 당신에게 어른이 되어가는 자녀가 있다면, 그 자녀의 행동을 올바로 가르치는 것이 부모로서의 당신에게 최우선 순위의 의무가 되어야만 한다. 그리고 그것은 분명히 희생을 필요로 한다.

당신의 자녀들이 더 어릴 경우, 더욱이 아장아장 걷는 아기들일 경우, 그들의 필요는 무엇인가? 주저 말고 대답해 보라. 그들은 성장할 필요가 있다. 우리는 그들에게 "숙녀처럼 앉아야지." 또는 "신사처럼 행동해야지." 등의 말로 이 성장 과정을 촉진시키려고 한다. 이런 식의 격려하는 말로 성장을 돕는 것이 잘못된 것은 없지만, 어린 아이가 우리의 요구대로 즉시 어른처럼 행동하기를 기대하는 것은 약간 비현실적이다. 그러므로, 성장해야 하는 필요와 함께, 어린 아이는 그 아이의 있는 상태 그대로 용납되어질 필요가 있다.

이것은 희생이 요구된다. 왜냐하면, 어른이 어린 아이의 세계로 들어가서 이해하는 것도 쉬운 일은 아니기 때문이다. 그러나 그것이 바로 당신이 취학 전 자녀들을 사랑하는 방법이다. 당신이 주도권을 쥐고 그들의 필요를 충족시켜 주기 위해 희생적으로 행하는 것이다. 어린 아이들은 안아주기도 해야 하고, 함께 놀아주어야 하며, 책도 읽어 주어야 하고, 신발끈도 매어 주어야 하고, 머리도 땋아 주어야 하고, 장난감도 고쳐주고, 부서진 자전거도 수리해 주어야 하고, 아이들의 질문에 대답도 해 주어야 하며, 그들의 학교 숙제들도 돌봐 주어야 할 필요가 있다.

어느날 저녁 식사 후에, 나는 안락의자에 앉아서 흥미있고, 유익하며, 신학적인 통찰력을 주는 아주 좋은 책 한 권을 읽으면서 한참이나 그 속에 정신을 집중하고 있었다. 그때 갑자기 세 살짜리 금발머리인 줄리가 뛰어 들어오면서, "아빠, 이것 좀 읽어 주세요."라고 말했다. 나는 내가 읽고 있었던 책을 보았다. 화란어를 영어로 번역한 것인데, 빌카우워(G.C. Berkouwer)가 쓴 〈하나님의 섭리(The providence of God)〉란 책이었다. 그리고 나는 꼬마의 오동통한 손에 들려 있는 책을 보았다. 그것은 〈거북이 머틀(Murtle the Turtle)〉이었다.

감정적이 되거나 이론적이 될 때는 바로 사랑이 멈추는 때이다. 당신은 어설픈 핑계로 어린 아이를 쫓아 버리겠는가, 아니면 당신의 책을 내려놓고 아이를 당신의 무릎 위에 앉혀서 그 아이의 거북이 세계로 함께 들어 갈 것인가? 그것이야 말로 어린 아이들의 문학으로부터 오래 전에 졸업한 어른에게는 커다란 희생이다. 그날 저녁 나는 머틀을 위해서 빌카우워를 희생했고, 우리는 함께 열 여덟 페이지의 그렇게 두껍지 않은 이야기를 애써 읽어 나갔다. 나는 책의 마지막 장을 읽으면서, 슬쩍 옆에 둔 내 책을 집었다. 그리고 쥴리가 내 무릎을 빠져 나가 다른 방에 가서 놀기를 기대했다. 그런데 그것은 허사였다. 쥴리는 그 큰 푸른 눈으로 나를 쳐다보면서 "아빠, 또 한번 읽어주세요."라고 했다. 어린 아이들은 반복이 필요하다. 나는 그렇지가 않다. 나는 한번 읽으면 몇 달이고 반복하지 않는다. 그러나 부모의 사랑은 어린 자녀의 필요를 만족시켜 주기 위해 자기 자신의 것은 어느 정도 희생할 줄 알아야 한다.

그렇다고 해서 우리는 우리 자녀들이 지나치게 우리를 지배해서 우리의 기본적인 요구마저 포기해 버리라는 것을 의미하지는 않는다. 어린 아이가 울 때마다 가서 아이를 안아주는 엄마는 결국에는 그녀의 개인적인 시간, 여유, 남편과 보내는 시간의 정당한 요구들을 충족시키지 못하게 될 것이다. 그 아이는 낮이고 밤이고 상관없이 언제든지 안아주어야 할 필요가 있다고 생각할 것이다. 그러나 그것은 정당한 필요가 아니다. 그렇게 하는 부모는 그 아이의 요구를 충족시켜 주는 적절한 행동을 하는 것이 아니다.

부모를 사랑하기

자녀들이여, 부모를 사랑하라!

부모님들이 필요한 것은 무엇인가? 아무 것도 없다. 그들은 어른이다. 어른들은 자기가 필요한 것을 모두 다 가지고 있을까? 그렇지 않다. 부모님들은 다음과 같은 편지가 필요하다.

어머니께

나는 여기 이렇게 앉아서 여러 가지를 생각하다가 갑자기 이런 생각이 내 머리 속에 떠올랐어요. 어떻게 그렇게도 많은 세월 동안 엄마는 여섯 명이나 되는 식구들을 위해서 날마다 요리를 하셨을까? 얼마나 지겨우셨을까? 그것을 어떻게 견뎌오셨을까? 등등.

이런 생각을 하는 것을 보니 나도 이제 철이 들어 간다는 증거겠지요.

엄마가 불평 없이 이때까지 해 오셨던 이런 일들에 대해 깨닫게 되고 고마와하기 시작했으니 말이에요. 제가 생각하기에는 엄마가 우리들을 사랑하셨기 때문에 그렇게 하실 수 있었으리라 생각해요 그렇지요?

저도 엄마를 사랑해요.

어어어어어어엄마마마마마마 ! ! ! ! ! !

가득찬 사랑을 담아서

베스

이것은 시에틀 시에 있는 대학에서 혼자 일을 해가며 공부하는 스물한 살이 된 딸에게서 온 편지였다. 이 편지는 엄마의 깊은 요구를 만족시켰다. 오드리(역주 : 저자의 부인 이름)는 그것을 읽고 또 읽었다. 그리고 그녀는 들어 주는 사람 모두에게 그것을 읽어 주었다. 그리고 그것을 액자에 끼워 넣었다. 베스가 이 편지를 쓰는 것은 쉬운 일이 아니었다. 그것은 어느 정도의 희생이 포함되어 있었다.

이런 종류의 아가페적 사랑으로 파생된 결과들을 생각해 보자. 우리 부부의 부모님은 무엇이 필요한가? 정기적으로 초대받는 것에 대한 필요인가? 때때로 그분들의 신중한 충고를 듣기 위해 의논의 대상이 될 필요가 있는가? 도와 주고자 하는 그분들의 호의에 무척 감사하게 생각하고 있음을 정중히 말씀드리고는 우리 자신이 응접실을 정리해야 할 필요가 있는가? 이런 일들이 쉽지는 않은데, 실제로는 어떻겠는가? 당신이 말하기도 어렵고, 그분들이 받아들이기도 어렵다. 그러나 사랑은 쉬운 것을 하는 것이 아니다. 사랑은 꼭 필요하고 옳은 것을 하는 것이다. '필요한 것을 예비하는 좋은 일에 힘쓰기를 배우게하라 (디도서 3:14)' 바울이 쓴 좋은 시이다.

그런데 잠깐…

디모데전서(3:4,5,12)에 보면 가정에서 남자의 행실이 교회에서의 지도자를 결정하는데 자격 요건의 기준이 된다고 분명하게 가르치고 있기 때문에, 흔히 가정이 교회보다 우선 순위를 차지 한다고 주장되어 왔다. 그러나 이 말씀에는 가정이 교회보다 더 중요하다는 사실에 대해서는 어떠한 말도 하고 있지 않다. 이 말씀은 단순히 가정이 남자로서의 능숙한 자질을 평가하고, 가장과 아버지로서의 성실성을 평가하는 데 있어서 주요한 기준이 된다는 것을 강조하고 있을 뿐이다.

교회는 하나님의 말씀으로 성도를 준비시켜 주기에, 그들로 하여금 가정에서 올바로 행하고, 지도자의 자질을 드러내며, 교회의 지도자가 되도록 도와주는 중요한 주변 여건의 역할을 하기 때문에 가족만큼이나 중요하다(딤후 3:16~17; 딛 1:9). 또한 인정받는 교회 지도자들은 '외인에게도 선한 증거를 얻은 자라야(딤전 3:7)' 하기 때문에, 세상도 가정만큼 중요한 조건의 기준이 된다. 다시 한번, 우리는 성경적인 의무들을 순차적으로 배열하려고 의도하는 데에 대한 맹점을 발견하게 된다.

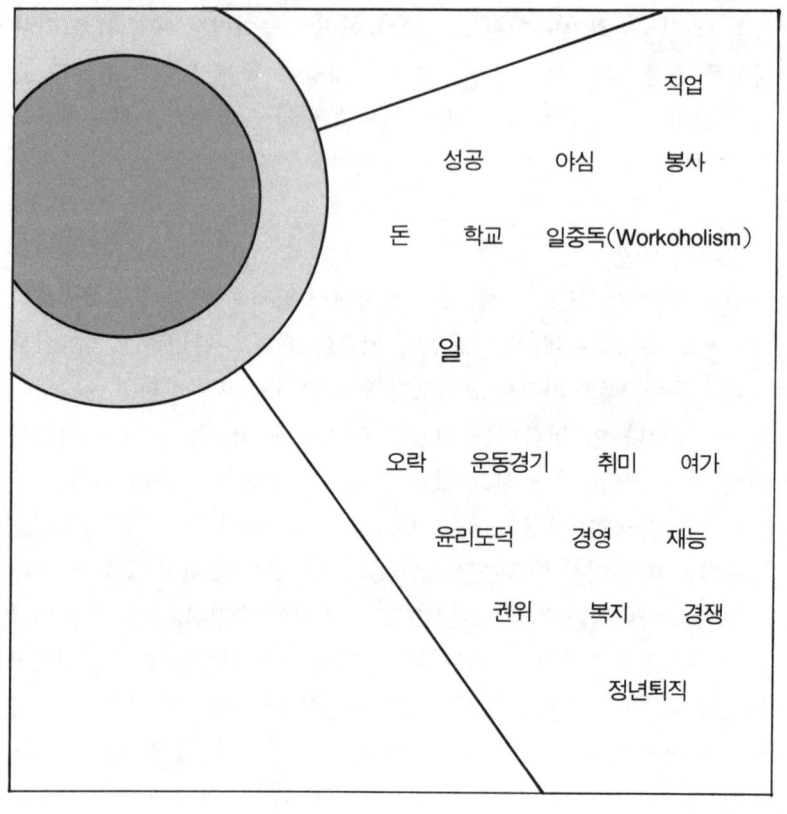

제10장

당신과 일

의식의 확장

당신은 일에 시간을 많이 보내며, 많은 육체적, 정신적, 그리고 감정적인 정력을 소비하고 있다. 그리고, 당신이 느끼고 있는지의 여부에 관계없이, 당신은 일 속에서 하나님의 말씀의 많은 진리들을 다루고 있다. 이것이 이 장의 중심이 되는 요지이다. 직업과 관련된 시간, 정력, 그리고 진리에 대해서 다룰 것이다. 그러나 먼저 영역을 넓혀 생각해 보자. 우리는 앞의 그림에서 일의 일반적인 영역과 관계된 몇 가지 항목들을 열거해 보았다.

보는 관점

먼저 몇 가지 관찰해 보아야 할 것들이 있다. 첫째, 일은 삶의 중요한 영역들 가운데 또 하나의 영역이다. 일은 다른 범주들보다 하위에 또는 상위에 속하지 않는다. 그것은 성경적으로 중요한 다른 여러 영역들과 함께 존재한다. 하나님께서는 내가 나의 가족에게 어떠한 방식으로 행할 것을 기대하시며 또한 내 업무에 있어서도 내가 어떤 방식으로 행할 것을 기대하신다. 왜냐하면 두 영역이 다 하나님이 기대하시는 것이며, 이 두 가지 모두 인간의 의무들이기 때문이다. 그러므로 각각 최고의 우선 순위를 차지한다.

둘째, 나의 직업-생계를 유지하기 위해 하는 것-은 일의 영역 중에서도 중요한 항목의 하나이다. 하나님께서 나에게 주신 재능을 신중하게 평가해서 그러한 능력들을 계발시키고 활용할 수 있는 직업을 발견하는 것은 중요한 것이다. 기독교인으로서 내게 합당하지 않은 직업들도 있다. 예를 든다면, 부정 행위가 요구되는 일이나 다른 사람들로부터 부당한 이득을 취하는 일, 그리고 민법을 어기는 사업 등과 같은 것들이다. 이런 것들은 낮은 우선 순위의 직업들이 아니다. 그것들은 아예 '인정된 목록에서 제외된 직업'들이다. '인정된 목록에' 기록된 직업들도 얼마든지 있다. 이 모든 직업들이 성격에 있어서나 사회의 기여도에 있어서는 차이가 있지만, 그것들은 각각 하나님의 영광을 위하여 쓰여질 수 있기 때문에 모두가 다 중요하다. 기계 수리공과 우편 배달부는 서로 다른 일을 하지만, 그들 각각은 중요하고도 의미있는 일들을 한다.

세째, 일의 영역을 보면 직업 외에도 다른 많은 항목들이 기록되어 있음을 볼 것이다. 일은 다른 많은 것들을 포함하며 연결되어 있기 때문이다. 학교는 우리가 일을 할 수 있도록 준비시켜 준다. 무능력 (또는 게으름)은 우리가 일하는 것을 제지시킨다. 정년 퇴직은 우리의 공식적인 일이 끝남을 의미한다. 오락과 취미는 보수 없이 우리가 참여하는 형태의 일에 속한다. 돈은 우리가 일을 함으로 얻는 것이다. 야심과 경쟁은 우리의 일에 동기를 부여한다. 일의 많은 결정들이 윤리 도덕적인 함축성을 가지고 있다. 여가와 휴식은 일로부터 좋은 안식의 기회를 제공한다. 일반적인 일의 영역은 관계와 의무의 다양한 국면이 있는 영역이다. 어떠한 국면이 우리와 관계될 때, 그것은 최상의 우선 순위를 갖게 된다.

네째, 이 항목들은 선택적인 것이다. 당신은 다른 많은 항목들을 추가할 수가 있다. 예를 들면 노동 조합, 실업, 연금, 직업 교체, 직장 안내, 자동화, 자본주의, 이익, 직업 전선의 주부들, 부가급부, 야간 근무, 투자, 휴가, 파업, 할당, 공업 기술, 자극과 같은 것들이다.

당신은 한 영역을 택해서 그것을 더 철저히 연구할 수도 있다. 그 예로써 학교를 생각해 보자. 이 영역에는 교사와 학생들, 시험 성적, 인기, 교양 과목과 전공 과목, 대학 진학 여부, 또는 운동경기같은 과외의 활동과 팀 구성, 경기 참여, 승리와 패배에 따르는 압박감 등, 이런 점들에 대해 성경적으로 명확하게 세운 관점 같은 것들이 포함될 것이다. '후보 선수들에 대한 신학' 또는 '그해 시즌 경기의 패배를 극복하는 법'(아니면, 반대의 경우로써 승리한 해를 극복하는 법)에 관하여 설교를 해 보면 어떠한가? 또는 물질주의, 파산, 자유 경쟁 기업, 또는 여행이 요구되는 직업 등과 관계된 성경공부를 해 보면 어떠한가?

다섯째, 그림에서 일의 영역은 시간의 의미를 나타내기 위해 도안된 것이 아니다. 만약 시간을 나타내려고 했다면, 일은 다른 어떤 영역보다도 더 많은 지면의 란을 차지할 것이다. 이것은 단순히 우리가 많은 시간을 투자하는 또 하나의 관계와 의무의 영역일 뿐이다. 그것이 일을 이웃하는 다른 관계들보다 더 중요하게 만들지는 않는다. 시간이 중요성과 같은 의미를 가지고 있지 않다. 당신은 8시간 동안 책상 앞에 앉아서 일에 총 집중을 기울일 수도 있고, 전화로 5분 동안 당신의 아내와 집중해서 이야기할 수도 있다. 두 가지 모두 중요한 것이다.

여섯째, 이 모형에서 중복되는 것은 당연하다. 당신은 당신 자신과 가족에게 필요한 생활 필수품을 공급하기 위해서 일을 한다. 수입 중 몇 퍼센트는 교회에 헌금을 하게 된다. 직업을 통해 배운 기술은 교회에서 봉사하는 데 쓰여 질 수 있다.

사단이 지배하고 있는 세상 체계는 직업의 모든 영역에 침투해서 당신이 타협하도록 유혹한다. 정부의 법규는 사업상의 거의 모든 거래에 대해 의미를 부여할 수도 있고, 아니면 잠재적으로 이롭지 않은 결과를 초래 할 수도 있다. 직장에서 대단히 많은 시간을 보내는 남자는, 일도 잘하고 돈도 많이 벌수 있지만, 남편과 아버지로서의 의무를 등한시 할 수가 있다. 자신도 모르는 사이에 그는 이 모든 것을 아내와 가족들을 위해서 하고 있다고 확신하게 되고, 거의 가정을 비움으로써 그의 사랑을(?) 나타내고 있다.

성경적인 일의 개념

일은 창세기 때부터 시작되었다. 남자와 여자는 일을 할 수 있는 능력과 의무와 필요를 부여받은 상태로 하나님에 의해 창조되었고 축복받았다. 최초로 창조된 부부와 그들의 후손들을 위해 일의 종류 세 가지가 기록되어 있다. 첫 번째는 창세기 1장 28절에 기록된 '생육하고 번성하여 땅에 충만하라 땅을 정복하라'이다. 정복하라는 말은 지배 하에 놓으라는 것을 의미한다[1]. 그 말씀 속에는, 우리들의 지배를 통해서 피지배의 대상들이 올바르게 제재를 받을 필요가 있다는 의미를 내포하고 있다. 그 다른 두 단어들은 창세기 2장 15절, '여호와 하나님이 그 사람을 이끌어 에덴 동산에 두사 그것을 다스리며 지키게 하시고'에 나타나 있다. '다스리며'라는 말은, 곡물이 잘 자라도록 도와주는 정원에서의 일을 말한다. '지키게 한다'는 말은 보존하고 보호하고, 돌보아 준다는 의미를 강조하고 있으며, 또 다른 곳에서는 '양 우리를 치다'라는 활동을 묘사하는 데 사용되곤 했다.[2]

인간의 타락 이전에는 모든 날들이 쉬는 날이었는가? 직업 없이 계속적인 휴가만 있었는가? 전혀 그렇지 않다. 하나님께서는 세상을 지배하기 위해 필요한 것을 지으셨다. 자연은 수동적이지 않고 능동적이다. 그것은 정복되어져야 하고 또한 그 상태대로 보존되야만 한다. 계절이 바뀌는 그 자체는 그것이 동면의 기간이 있고 성장의 기간이 있다는 것을 의미한다. 동면 기간 동안 우리는 갈고 심는다. 성장 기간 동안에 우리는 경작하고 물을 공급하며, 가지를 치고, 손질한 후 마침내 수확한다. 하나님의 원래의 창조대로 짜여진 것은 도전이다. 창조물은 인간의 의지를 기꺼이, 쉽게, 또는 기계적으로 따르지 않는다.

에덴 동산에서 조차도 관목들은 손질을 해 주어야만 했고, 초목들은 잎들을 정리해 주어야만 했으며, 딸기류들은 따서 모아 두어야만 했고, 떨어진 잎사귀들은 긁어 모아야만 했으며 주위의 동물들이 피튜니어들 (petunias)을 마구 짓밟고 다니지 못하도록 주의를 주어야만 했다. 처음 창조된 세계는 일할 필요가 전혀 없는 환경도 아니었고, 단순히 시간만을 요구하는 바쁘기만한 일도 아니었다. 그것은 하나님이 만드신 세계에 고정시킨 하나님의 계획의 일부였고, 하나님께서는 그의 피조물에게 일을 부여하셨고 그것을 축복으로 구분지었다.

이것은 죄가 아직 들어오기 이전의 장면이다. 창세기 3장 17절~19절에 기록된 저주는 세상에 혼란을 가져왔고 일을 어렵고 강요적이고, 좌절되고, 끝없는 것으로 만들어 버렸다. 저주는 긍정적인 개념에다가 부정적인 측면을 더한 것이다.

세상은 일을 해야만 되도록 창조되었다. 지배되어져야 하고, 보존되어져야 하고, 연구되어져야 하며, 그리고 사용되어지도록 창조되었다. 인간에게 주어진 권리는 단순히 육체적인 것뿐만 아니라 정신적인 것도 있었다. 하나님께서는 땅 속에 광물질들을 넣어 두셨다. 우리는 우리의 지성을 사용해서 그것들을 캐내어 사용할 수 있는 것으로 바꾸어야만 한다. 이것은 '스스로 해결하라'는 세계이다. 일은 그 가운데 원래부터 있던 것이다. 씨앗들은 심어야만 하고, 기름은 퍼내어 정제하여야만 한다. 나무들은 벌채해야만 하고, 물은 저장과 급수로 이어져야만 한다. 음악은 작곡과 연주가 있어야만 한다. 이론은 발전되고 실증되어져야만 한다.

그릇이 더러워지면 씻어야 하고, 옷들이 더러워지면 세탁을 해야만 한다. 아이들이 배고파하면 음식을 차려 주어야 하고, 쓰레기들이 흩어져 있으면 쓸어내야 한다. 이 모든 것들을 합해서 집안 일이라고 부른다. 구멍도 뚫어야 하고, 나사들도 조여야 하고, 상자들은 채워 넣어야 하고, 물건들도 옮겨야 하며, 계산도 해야 하고, 쌓아 놓기도 하고, 열고 닫고, 기록도 해 놓아야 한다. 사람들을 고용하고, 훈련시키고, 봉급을 주고, 평가하고, 시중도 들어 주어야 한다. 이 모든 것들을 일이라고 부른다. 학생들은 교과서를 파악해야만 한다. 때로는 그들의 게으르고, 혼란한 생각들도 절제해야만 한다. 또한 새는 수도 꼭지, 부서진 가전 제품들, 해로운 벌레들, 금방 자라는 잡초들도 정리해야만 한다. 일은 도처에 존재한다.

당신의 일은 즐겁고 보람이 있는가? 하나님께서는 그렇게 만드셨다. 당신의 일이 어렵고 힘든가? 하나님께서는 일 속에 그러한 요구를 더하셨다. 당신의 일이 좌절되고, 지루하고, 반복적이고 심지어 두렵기까지 한가? 그것은 저주의 결과일 수도 있고 아니면 당신 자신의 태도가 원인일 수도 있다. 아마도 당신은 직업을 바꿀 필요가 있을지도 모르겠고, 아니면 당신의 태도를 바꿔야 할지도 모르겠다. 어쩌면 두 가지가 다 필요한지도 모르겠다. 일은 우리의 평안과 하나님의 프로그램에 절대 필요한 것이다. 그런 측면에서 볼 때, 일이라는 것에 최고의 우선 순위를 두는 것은 당연하다.

성경적인 직업의 개념

당신의 마음 속에 직업에 대한 몇 가지 인식들을 더 심어주기 위해 좀더 살펴 보아야 겠다.[3] 당신은 이것을 더 발전시켜 나름대로 생각해 볼 수도 있고 아니면 아예 무시해 버릴 수도 있다. 당신이 즐겨하는 것은 무엇인가? 당신이 잘 할 수 있는 것은 무엇인가? 이 질문들에 대한 대답이 당신의 재능들을 발견하는데 도움이 될 것이다. 물론 이것은 당신이 무엇을 즐겨하는지를 스스로 알고 있고, 또 그것을 결정할 수 있는 충분한 경험이 있다는 가정 아래에서 하는 이야기이다. 나는 영적인 은사를 가지고 이야기하는 것이 아니다. 영적 은사들은 구원을 받을 때 주어졌고, 성도들이 예수님의 몸 안에서 유일한 역할을 발휘할 수 있도록 준비시키기 위해 주어진 것이다. 나는 타고난 재능에 대해서 이야기하고 있다. 그것은 우리가 육체적으로 세상에 태어날 때부터 가지고 있는 것이며, 우리가 성장함에 따라, 발견되고, 발전되고, 또 우리 삶의 어떤 영역에서든지—잠재적으로 모든 영역에서

-사용되어질 수 있다.
 이런 재능들은 어디에서 왔는가? 우리의 부모님들로부터 우리의 특성을 물려 받았다고 말할 수도 있지만, 주권을 가지고 이 과정을 감독하며, 지휘하시는 분은 바로 우리의 창조주이시다. 성경의 두 부분이 이것을 우리에게 분명히 가르쳐 준다. 처음은 시편 139편에 나타난다. 여기에서는 하나님의 창조적인 역사 속에 인간의 태아의 형성에 관해 말하고 있다.

> 주께서 내 장부를 지으시며
> 나의 모태에서 나를 조직하셨나이다
> 내가 주께 감사하옴은 나를 지으심이 신묘막측 하심이라
> 주의 행사가 기이함을
> 내 영혼이 잘 아나이다
> 내가 은밀한 데서 지음을 받고
> 땅의 깊은 곳에서 기이하게 지음을 받은 때에
> 나의 형체가 주의 앞에 숨기우지 못하였나이다
> 내 형질이 이루기 전에
> 주의 눈이 보셨으며
> 나를 위하여 정한 날이 하나도 되기 전에
> 주의 책에 다 기록이 되었나이다
> (시편 139:13~16)

 이 말씀은, 하나님이 우리가 육체의 몸으로 존재하게 하신 근본적인 창조주이심을 가르쳐 주고 있다. 당신이 키가 크든지 작든지, 말랐든지 단단한 체격이든지, 빠르든지 느리든지에 관계없이 하나님의 솜씨라는 사실을 말해 준다. 높고 낮은 음을 구별해서 들을 수 있는 능력, 공명하는 어조로 말할 수 있는 능력, 펜을 사용해서 손으로 그릴 수 있는 능력, 정확하게 던지는 능력, 또는 멀리 공을 찰 수 있는 능력

등도 모두 하나님께서 창조적으로 지으신 것의 일부이다. 시편의 기자가 자신은 신묘막측하며, 기이하게 지어졌다는 감탄으로 결론을 내린 것도 과언이 아니다.

오늘날 우리는 다른 용어들을 사용한다. 우리는 누구누구는 재능이 있고, 솜씨가 교묘하고 능숙하며, 경험이 풍부하다고 표현한다. 그러나 그 모든 원천을 따지고 들어가면 결론은 한 가지이다. 즉, 하나님이시다. 여기에서 직업적인 의미를 찾아보자면 우리는 우리의 재능들을 활용할 수 있는 직업에서 최선을 다하는 사람이 되어야만 한다는 것이다.

성경에서의 두 번째 부문은 이사야 64장 8절에서 발견할 수 있다.

> 그러나 여호와여 주는 우리 아버지시니이다
> 우리는 진흙이요 주는 토기장이시니
> 우리는 다 주의 손으로 지으신 것이라

이사야는 다윗이 말한 것과 똑같은 내용을 단지 표현만 달리하여 말하고 있다. 하나님은 토기장이로서, 우리 각자를 자신이 원하시는 그대로 지으셨다. 진흙과 회전판은 토기장이의 손이 움직이는 대로 만들어질 것이다. 하나님의 주권적인 손은 당신을 유능한 사람, 즉 하나님이 부여해 주신 풍부하고도 다양한 역량과 타고난 재능들을 가진 사람으로 조각하셨다.

당신은 조직적인 사람인가, 창조적인 몽상가인가, 적극적인 혁신가인가, 문제를 해결하는 타입의 사람인가, 물건을 만들고 수리하고 하는 것을 좋아하는 사람인가, 예술가인가, 음악가인가, 문필가인가, 숫자 다루기를 좋아하는 사람인가, 훈련된 운동선수인가, 선전, 판매, 분석, 종합 등에 숙련된 사람인가? 이 모든 것들이 하나님께서 주신 재능들이다. 이런 모든 재능을 다 가지고 있는 사람은 아무도 없으며, 누구나 이 가운데 한두 가지씩을 가지고 있다. 우리들의 책임은 이 재능들을 발견하고 그것을 하나님께서 주신 것으로 받아들이고, 교육과 훈련을 통해 발전시켜서 하나님의 영광을 위해 사용하는 것이다. 한 마디로 이것이 바로 성경적인 좋은 직업 안내 프로그램이 추구해야하는 방향이다. 가능한한 우리는 우리의 재능을 살릴 수 있는 영역에서 일하도록 노력해야 한다. 여가와 오락 시간 조차도 우리의 재능을 표현하고 즐기는 지혜로 삼아야 한다. 우리가 다재다능하지 않고 또는 어떤 종류의 재능을 가지고 있지 않아서 실망에 빠지고 불만족스러운 때가 있을지라도, 우리는 이사야서의 말씀을 기억해야 한다. '질그릇 조각 중 한 조각 같은 자가 자기를 지으신 자로 더불어 다툴진대 화있을진저 (사 45:9)' 진흙은 말대꾸를 하지 않는다. 직업의 선택은 최상의 우선 순위의 선택으로 간주되어져야만 한다.

직업에 대한 윤리성

일을 어떻게 하느냐 하는 것은 무슨 일을 하느냐 만큼이나 중요하다. 일은 경쟁과 보상을 포함한다. 보상 중 하나는 돈이다. 또 다른 보상은 지위라고 할 수도 있겠다. 우리가 돈과 지위를 위해서 경쟁할 때, 미묘하지만 강한 유혹이 따른다…. 비윤리적이 되려고 하는 것이다.

필은 최근에 작지만 성장하고 있는 전자 부품 공장에 취직된 기독교인 젊은이다. 필은 판매과에서 일하고 있고, 같은 상품을 제조하는 항공기 회사와 컴퓨터 회사를 주로 거래하도록 되어 있다. 필은 직장에서 성공하기를 원하고 동시에 그의 태도와 행동으로 주님께 영광을 돌리기를 원하는 적극적이고, 자신감있고 야심만만한 사람이다. 그러한 필에게 비윤리적이 되도록 하는 압력들은 어떠한 것인가?

필은 판매와 출장, 교제비, 접대, 가격 절감, 일부 상환 할당액, 배달 날짜, 상품비교, 불경스러운 것, 술, 물질주의, 수수료, 시간외 근무, 승진, 정직, 전도, 삶의 방식, 여자, 마감시간 등의 많은 일들과 압력들을 받을 것이다. 필은 도덕적인 결정을 내려야 하는 것들로 포화 상태가 되어버린 환경 속에서 일하고 있다. 그의 의무는 옳은 것을 판단하여 그것을 행하는 것이다. 이 의무는 그가 교회 재정 위원회에서 그의 봉사 임기를 마치고 그의 자녀들을 양육한 후에 행할 수 있는 것도 아니다. 하루 여덟 시간, 일주일에 닷새로 짜여진, 이 일은 최상의 우선 순위를 차지하는 문제이다.

모든 직업들 속에는 도덕적인 함축성이 있다. 그것이 바로 베드로가 종들에게 주인들과의 관계에서, '오직 선을 행하도록' 권고한 이유이다. 모든 기독교인 고용주와 고용인은 매일 옳은 것을 분별하여 그것을 행해야만 한다. 그렇게 하기 위해서 그들은 고난도 각오해야 한다(벧전 2:18~20).

그런데 잠깐…

'하나님의 일'은 무엇인가? 우리는 주일날 성도들에게 '주님의 일'에 참여해 달라고 요청하는 광고를 듣는다. 그것은 주일학교 시간에 가르치고, 위원회에서 봉사하고, 안내를 담당하고, 더 후하게 헌금하고, 또는 동·하계 성경학교를 위해서 4,000개의 과자들을 준비해 주는 것들이다. 여기에서 보면 주님의 일은 분명히 교회에서 봉사하는 것을 의미한다. 그러나 다른 경우에, 우리는 '주님의 사역에 동참하라'는 설득력있는 권유를 듣고 읽는다. 이것은 물론 우리 자신을 그리스도를 위한 전임 사역자로 헌신케 함을 의미한다.

옳은 말이다. 명확하게 말하면 주님의 일이란 교회에서 봉사하는 것과 전문적인 사역자로 봉사하는 것을 말한다. 그러나 여기에서 끝나는 것이 아니다. 당신이 하는 그 어떤 일이든지 하나님께 영광을 돌릴 수 있는 것이라면 모두 다 주님의 일인 것이다. 당신이 주님의 명령에 순종하는 그 때마다 당신은 주님의 일을 하고 있는 것이다. 당신이 합당한 필요들을 충족하기 위해 올바로 행하고 있을 때에는 언제나 주님의 일을 하고 있는 것이다. 그러므로 당신은 가정에서, 교회에서, 세상에서, 시민으로서, 직장에서, 심지어는 홀로 묵상하는 동안에도 주님의 일을 할 수가 있다.

10장 주해

1) '정복하다'의 비슷한 용법은 다음 구절들에도 나와있다. 여호수아 18 : 1 ; 예레미아 34 : 11 ; 민수기 32 : 22, 29 ; 에스더. 7 : 8. 나는 성경적인 일에 관계된 교리에 대해 많은 통찰력을 준 나의 동료 로버트 휴즈 박사(Dr. Robert Hushee)에게 감사를 보낸다.
2) 비교-사무엘상 25 : 16 ; 창세기 3 : 24 ; 4 : 9 ; 30 : 31 ; 사무엘하 15 : 16.
3) 직업 안내에 대한 새롭고도 유익한 정보를 원하면 다음의 것들을 참고하라. 죤 브래들리(John W. Bradrey)의 Christian Career Planning (Portland, Ore : Multnomah Press, 1977). 이러한 직업안내 지침들은 개개인이 하나님께서 주신 그들의 재능을 발견해서 사용하고, 또한 하나님이 주신 한계를 인정하도록 도와주는 것을 목적으로 고안되었다.

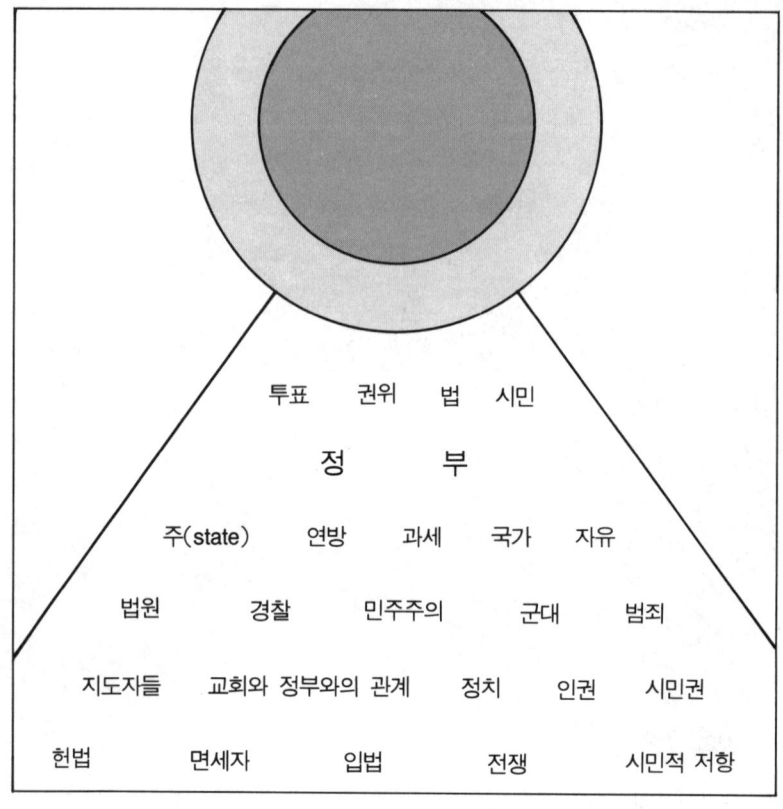

제11장
당신과 정부

의식의 확장

교회와 정부, 믿는 자와 정치, 성화와 입법, 하나님만이 주실 수 있는 영원한 안정과 정부가 말하는 최상의 안정, 마음을 새롭게 하는 것과 면허증을 새롭게 발급하는 것, 성경 협의회와 정상 회담, 예배할 권리와 일할 권리, 하나님의 뜻과 법적 제한. 과거에는 크리스찬들이 전자에 속한 것들에만 치중해서 관심을 갖고 있었고 후자에 속한 영역들은 너무 세속적이며, 관심을 기울일 가치가 없다는 이유로 명목상으로만 참여했으나, 이제 이런 것들은 변화되고 있고, 또한 변화를 촉구하는 것이 이 장의 목적이다. 앞의 그림은 정부의 영역에 속해 있는 논쟁점들이다.

보는 관점

첫째, 국가는 하나님의 계획 중 일부로써 분명히 속해 있다. 최초의 인간인 아담으로부터, 하나님께서는 '인류의 모든 족속을 한 혈통으로 만드사 온 땅에 거하게 하시고 저희의 연대를 정하시며 거주의 경계를 한하셨다(행 17 : 26).' 바벨탑 사건을 통해 언어를 복잡하게 하신 것은 바로 각각 분리된 국가의 실체를 형성하도록 조장하시기 위한 방법 중의 하나였다(창 11 : 1~9). 국가의 탄생, 보존, 변화, 그리고 심지어

멸망까지도 다 하나님의 주권적인 권세 안에서 이루어지고 있다.

둘째, 인간의 정부는 하나님이 제정하신 기관이다. 다스릴 권세와 또 특별히 통치하는 권위는 하나님에 의해 세워진 것이다(롬 13 : 1). 조사하고, 소추하고, 처형할 의무는 창세기 9장 5절~6절에 초기적인 형태로 그 대요가 나와 있고, 후에 모세의 율법(출 20~22)에 더 자세히 발전되어 기록되었다. 그리스도인들은 정부에 대한 이러한 사실과 그것의 기능에 관해서 가볍게 취급해서는 안된다.

셋째, 모든 믿는 자들은 책임감이 있는 시민이 되어야만 한다. 왜냐하면 모든 믿는 자들은 시민이며, 그들은 하늘에서 부여받은 시민으로서의 의무를 가지고 있기 때문이다. 시민의 자격에는 어떤 예외도 있을 수 없으며 어떤 표준도 있을 수 없다. 모든 시민은 통치하는 권위에 복종해야 한다(롬 13 : 1). 모든 그리스도인들에게 있어서 성경적인 시민권은 최고의 우선 순위를 차지하는 의무인 것이다.

넷째, 정부에 대한 믿는 자의 관계는 다른 영역들과의 관계처럼 중요하다. 성경에서 예를 들어보자. 베드로전서 2장 13절에 보면, 기독교인 시민들은 인간 정부에 순복해야 한다고 말하고 있다. 베드로전서 2장 18절에서, 믿는 종들은 그들의 주인들에게 순복해야 한다고 가르치고 있다. 베드로전서 3장 1절에서는, 믿는 아내들은 그들의 남편들에게 순복해야 한다고 가르치고 있다. 자, 이제 베드로의 편지를 읽었던 사람 중에서 종의 신분으로 믿지 않는 사람과 결혼한 어떤 그리스도인인 여인이 한 명 있었다고 가정해 보자. 그리고 그 시대에 당신이 마침 거기에 있었다고 가정하고, 그 여인이 당신에게 찾아와서, "나는 새로 기독교인이 되었는데, 저는 저의 우선 순위를 분명히 하고 싶어요. 이 세 가지 영역의 순종 중에서 어느 것이 제일 중요합니까?" 라고 물었다고 하자.

당신은 무엇이라고 대답하겠는가? 먼저 그녀에게, 남편이 하나님께로 나아올 때까지 주의를 집중하여 남편에게 순종하라고 말하겠는가? 그런 다음, 그녀가 이를 위해 무엇을 할 것인가에 관심을 돌려야 하며, 지위가 오르고 상황이 진척되어 행할 바를 충분히 했다고 느낄 때에 그 동안의 열심을 중단하고 새로운 전진의 계기를 마련해야 한다고 말해 줄 것인가?

나로서는 당신이 그녀에게 그렇게 충고하지 않기를 바랄 뿐이다. 나는 당신이 단순히, "베드로는 어떤 우선 순위도 제시하지 않았습니다. 순종하라는 세 가지의 명령이 각각 다 하나님의 권위를 수반하는 것입니다. 매일 그것들 하나하나를 행하도록 하십시오."라고 대답하기를 원한다.

정부에 대한 믿는 자의 의무는 다른 영역들보다 더 중요하거나 덜 중요하지도 않고, 단지 똑같은 중요도로 여겨야 하는 것이다.

다섯째, 정부의 많은 특성이 그리스도인이 해야하는 의무와 관련된 영역들과 연결되어져 있다는 것이다. 정부는 개인과 교회를 위하여 종교적인 자유를 제공하기도 하고 사업과 산업의 세력을 제한하기도 하고, 가족의 권리를 보호하기도 하며, 타락된 세상에서의 부도덕함을 바로잡기 위해 노력하기도 한다. 여러 가지 방법으로 정부는 권선징악의 성경적인 명령을 수행한다(롬 13:1~7).

그러나 오늘날에는 정부가 사단이 지배하는 세상의 체계를 조정하기는 커녕 오히려 그 체계에 의해서 서서히, 그러나 분명하게 지배되어 가고 있음에 대해 많은 사람들이 깊은 우려를 하고 있다. 긍정적인 면과 보호적인 면이 일치되었던 대신에 치부를 도려내야 하는 부정적인 해로운 쪽으로 바뀌어 가고 있다. 예를 들면 워싱턴 주의 대법원은 열 다섯 살이 된 소녀가 그의 데이트 문제, 만나는 친구들, 담배 피우는 문제[1] 등의 의견 차이 때문에 부모로부터 자기를 독립시켜 달라는 요청에 동의하는 것으로 판결을 내렸다. 이런 식의 사법상의 판단은 주 정부의 권위와 부모의 권위 사이의 구별을 희미하게 만들어 버릴 수도 있다. 고립되어, 조용하게 살기를 원하는 그리스도인들은 이런 식의 침해에 대하여 맞서서 대항할 아무런 영향력도 행사할 수 없을 것이다.

여섯째, 정부의 영역에 기록된 논쟁점들과 항목들은 단지 거대한 빙산의 한 조각에 불과하다. 각 항목들은 더 확대되고 더 자세히 연구될 수 있으며, 다른 많은 것들이 추가될 수도 있다. 총기의 소유 제한, 임신 중절, 검열, 복지, 로비 활동, 어린이 학대, ACLU(역주 : American Civil Liberties Union의 약자로 자유주의적인 정책을 수립하도록 주장하고 있어 물의를 빚고 있는 단체 이름), 성별에 의한 차별, 음란물, 국가 통제주의, 관료 정치, 핵무기 철폐, 임명과 선거, 위증죄, 독재정권, 금주법, 법률학과 입법학, 공무원, IRS(역주 : Internal Revenue Service의 약자로 세금 거두는 등의 업무를 관할하고 있는 미국 연방 정부 기관), 민간 방위, 핵전쟁, 양심적 병역 거부(역주 : 종교적, 도의적 신념에 따른 결정을 말함), 사생활의 자유를 누릴 권리, 항의할 권리, 평화 제일주의 등 목록은 끝이 없다.

일곱 번째, 앞 그림의 정부의 영역에 기록된 모든 논쟁점들과 항목들은 중요하다. 모든 입법이 중요하고, 모든 법원의 판결도 중요하다. 모든 논쟁점들과 항목들이 당신에게는 그 중요성이 다 동등하지 않을 수도 있지만, 그것들은 하나님의 형상대로 지음을 받은 인간들의 삶에 영향을 미치는, 하나님이 정하신 정부의 활동들이기 때문에 매우 중요하다. 우리의 의무는 이러한 문제들이 우리 자신들과 또 우리가 관심이 있는 다른 사람들에게 어떻게 연결되어 있는지를 판단하는 것이다. 그리고 그것에 대해 우리가 해야할 일들이 무엇인지를 결정하는 것이다.

예를 들면, 다음 선거 때에 공채 발행이라는 문제가 들어있는데, 만약 그것이 통과되면, 학교는 당신의 자녀들을 위해 높은 수준의 교육과 아주 훌륭한 특별 활동들을 계속적으로 제공할 수 있지만, 반면에 당신의 세금은 더 오르게 된다고 가정하자. 만약 그것이 통과되지 않으면 많은 선생님들이 직장을 잃어버리게 되며 한 학급당 학생 수가 늘어나게 되고, 체육이나 음악 프로그램 등이 줄어들 것이지만, 당신의 세금은 전혀 올라가지 않는다고 하자. 내가 당신에게 어떻게 투표하라고 말해 줄 수는 없다. 그러나 당신이 필요한 정보들을 알아야 하며 투표를 해야한다는 것은 분명하게 말할 수 있다. 우리가 이야기한 사랑의 정의를 기억하는가? 요구를 충족시켜주는 행위이다. 우리는 지적인 투표를 함으로써 우리 자신과, 우리 자녀들, 그리고 우리의 이웃들을 사랑할 수 있다(역주: 미국에서는 매번 선거 때마다 한번에 많은 문제들에 대해서 투표한다).

같은 선거에서 당신은 새로운 시장을 뽑아야 한다고 가정해 보자. 잘 알려져 있고 이번 선거에서 이길 가능성이 많은 어떤 후보가, 당신과는 전혀 다른 가치 체계를 가지고 있는데, 잘 살펴본 결과 그의 가치 체계가 분명히 비성경적임을 발견했다고 가정해 보자. 당신의 입장에서는, 다른 후보자가 더 나은 선택의 대상이 될 것이다. 이처럼 책임감이 있고, 성경적인 관점에서 생각하는 시민으로서의 역할을 하는 것은 바로 당신에게 달려 있다. 당신은 "좋아요, 나는 절대 그 사람을 시장으로 뽑지 않을 거예요."라고 말할 수 있다. 그렇게만 하면 의무가 끝나는 것인가? 그것이 당신이 참여할 수 있는 범위의 한계인가? 그렇지 않다. 당신은 편지를 써서 보낼 수도 있고, 전화를 할 수도 있고, 신문에 투고를 할 수도 있고, 광고지를 만들어 나누어 줄 수도 있다.

뭐라고 말씀하셨죠? 네, 당신은 지금 교회에서 너무 많은 시간을 보내기 때문에 바쁘다고요. 교회에서 지금 성경적인 시민이 되기 위한 성경 공부를 하는 중이라는 말씀이지요.

성경 속에서 조명된 자료

로마서 13장 1절~7절이 민간 정부를 다루고 있는 주된 본문이지만, 유일한 것은 아니다. 당신이 '정부'라는 주제에 대한 관심을 가지고 신구약을 훑어본다면, 명백하고도 암시적인 많은 참고 자료들을 발견할 것이다. 컬버(culver)는 이것을 다음과 같이 설득력 있게 표현했다.

민간 정부는 성경에서 여러 가지 단계로 나타난다. 기본적인 단계는 성경에 나타나 있는 역사적인 사실로써 유다와 이스라엘의 선지자들에 의해 기록되고 설교된 논제이다. 모세오경에 보면 하나님의 율법에 관해 여러 부분에서 다루고 있으며, 또한 지혜서의 저자들도 깊이 숙고했던 문제이다. 또 다른 단계는 우리 주님뿐만이 아니라 선지자들과 사도들도 민간 정부의 공식 정책에 관한 중요한 내용들을 기록했던 만큼, 특별한 가르침을 받아야 하는 문제이다. 마지막 단계는 정부와 법률, 기관, 그리고 대표자들에 대한 기독교인들의 반응과 의무에 관해 신약에서 기록하고 있는 권고와 경고들이다.[2]

다른 성경적인 교리들도 정부라는 문제를 다루기 위해서 함께 거론되어져야만 한다. 예를 들면, 죄에 대한 교리는 우리로 하여금 정부의 필요성에 대해 깨닫게도 하지만 또한 완전한 사회로 이끄는 데에 있어서 정부가 할 수 있는 일의 한계를 깨닫도록 도와준다. 정부는 이러한 기능을 세상 — 좋은 사람과 나쁜 사람, 그리고 좋은 것과 나쁜 것들로 이루어진 세상 — 에서 수행해 나간다. 그러므로 세상에 대한 복잡한 교리는 정부와 연결되어져야 한다. 사단이 이 세상 모든 권세를 잡고 있다는 것은 거짓이 아니기에, 우리는 또한 사단에 대한 교리도 생각해야 한다(마 4:8~9). 정부에 관련된 성경적인 진리는 얼마든지 찾아볼 수 있다. 이 진리는 하나님의 영감으로 쓰여지고 모든 믿는 자들이 알고 행하기에 유익한 말씀으로써 성경의 중요한 부분인 것이다. 그러므로 이것 역시 최상의 우선 순위가 된다.

참여의 확대

"법과 정치는 교회와 경건된 사람들에게 거북하게 느껴질 뿐만 아니라 그다지 익숙치 않은 분야에 속한다."[3] 왜 그런가? 왜 정치라고 하면 불편하게 느끼는가? 법적인 문제들에 대해서는 왜 그렇게 익숙하지 못한가? 웨버(webber)는 이 문제에 대해서, 우리가 '분리주의적인 방식'(교회를 세상과 근본적으로 다른 것으로 보고 세상으로부터 교회를 철저하게 분리시키려는 방식)을 수용하고 있기 때문이라고 답한다.4) 그 결과 기독교인들은 좋은 경우에는 정부와 정치로부터 멀리 분리되어져 있고, 나쁜 경우에는 그것들을 두려워하게 되었다.

결과적으로 진리에 대한 개념이 마치 그 끝이 잘려버린 것과 같은 불완전한 상태가 되어버렸다. 우리는 '창조, 마리아의 성령 잉태, 예수님의 기적, 예수님의 대속적인 죽음, 그리고 그의 재림'에 관한 진리에만 중점을 두게 되었다.5) 우리는 정치 문제와 정부에 관한 문제에 대한 하나님의 진리에 관해서는 계속적으로 그리고 효과적으로 관심을 기울이지 못했다. 그 결과 우리는 분리되어 있고, 죄는 계속 세상에 만연해 가고 있다.

화이트해드(whitehead)의 말이 이 경우에 적절한 것 같다.

> 참여하지 않는 것은 인본주의가 제한을 받지 않고 영속되도록 허락하는 것과 같다. 그러므로 참여하지 않는 것은 결과적으로 보면 부정적인 참여라고도 할 수 있다. 만약 교회가 이 상태로 계속 침묵을 지킨다면, 기독교를 허용하지 않는 인본주의적인 문화에 의해 지배당하고 항복당하는 불가피한 결과를 초래하게 될 것이다.6)

'기독교를 허용하지 않는'이란 말은 커다란 도전을 준다. 우리는 생존을 위해 투쟁하며 살고 있다. 우리의 자유, 우리의 삶조차도 위기에 처해 있다. 우리는 우리의 신앙 체계를 활성화시켜서 그것을 가지고 세상에 뛰어 들어야만 한다. 우리는 은둔 생활에서 벗어나 진리에 대한 우리의 헌신됨을 드러내고 설명해야 한다. 이것은 우리가 신문사 편집장에게 편지를 쓰는 것을 의미할 수도 있다. 믿는 사람으로서, 우리는 선거 후보들의 공약에 대해, 투표 기록에 대해, 그리고 그 직위에 따르는 다른 자격 조건들에 대해 알아야 한다. 우리는 우리가 신뢰하는 후보들을 위해 선거 운동을 할 수도 있다. 우리는 정치학 강의 시간, PTA(역주 : Parent-Teacher Association의 약자로 부모와 선생님들이 같이 모여 토론하는 모임), 회의 장소, 정치 집회, 시민 클럽, 노동조합 회의, 또는 동업자 단체 회의 등에 참여해서 우리의 의견을 알려야만 한다. 우리는 라디오, TV, 그리고 인쇄물 등을 통해 우리의 실행 가능한 견해를 제시해야만 한다. 우리는 일을 잘 감당하고 있는 공무원들을 격려하며 또한 그들이 일을 잘못 처리할 때에는 그들에게 그것을 지적해 주어야 한다. 우리는 참여해야 하는 성경적인 의무를 가진 그리스도인 시민이기 때문에 이 모든 것들을 담대하게 그리고 지혜롭게 행해야만 한다.

그런데 잠깐…
이번 장은 기술하기에 어려운 영역이었다. 나 자신 역시 다른 그리스도인들과 마찬가지로 성경적인 시민의 권리에 참여하고 있지 않았다. 참여한다는 것은 최전선에 선다는 것을 의미하고, 그것은 또한 겨냥의 대상이 된다는 것을 의미한다. 겨냥의 대상이 될 때 나도 또한 본질적으로는 겁장이 기독교인이다. 나는 싸우는 것도 싫고, 얻어 맞는 것도 싫고, 다치기도 싫다. 나는 내가 정보를 모르고, 참여하지 않는 한 안전하고, 고통을 받아야 할 필요가 없음을 안다.
그러다가 나는 베드로전서를 읽었다. 베드로는 우리에게, 성령충만한 말씀 중심의 성도는 최전선에 설 것이고, 옳은 일을 행하며 고난을 받을 것이라고 가르쳐 주고 있다.[7] 내가 정치의 영역에 대하여 읽고, 생각하고, 토론한다는 것은 어려운 일이다. 나는 오히려 다른 일들을 하고 싶다. 내가 정치적인 문제에 대해 견고하고, 지적인 입장을 취한다는 것은 어려운 일이다. 더군다나 그것을 대중 앞에서 공표하고, 옹호하고, 비판을 당하고, 조롱을 당하는 것은 더더욱 어려운 일이다. 정부와 관련된 영역에 있어서 나의 안전 지대는 최전선에서 훨씬 떨어진 안 쪽에 위치해 있다.

당신은 어떠한가? 아마도 우리 모두 해야 할 일은 우리가 무기를 휴대하도록 허락을 받을 때까지 그 동안 최전선에서의 의무를 수행하도록 지원하는 것이다.

11장 주해

1) John W. Whitehead, The Second American Revolution(Eligin, Ill. : David C. Cook Publishing Co., 1982), p. 64.
2) Robert Duncan Culver, Toward a Biblical View of Civil Government (Chicago : Moody Press, 1974), pp. 61~62.
3) Lynn R. Buzzard, Freedom and Faith(Westchester, Ill. : Crossway Books, 1982), p. 7.
4) Robert E. Webber, The Secular Saint(Grand Rapids : Zondervan Publishing House, 1979), pp. 75~77.
5) Francis A. Schaeffer, A Christian Manifesto(Westchester, Ill. : Crossway Books, 1981), pp. 19~20.
6) Whitehead, The Second American Revolution, p. 42.
7) 베드로는 독자에게 다음과 같은 것들을 상기시킨다 : 그들의 신분-나그네(1 : 1, 2 : 11) ; 그들의 삶의 방식-거룩함(1 : 13~16) ; 그들의 의무-옳은 것을 행하는 것(2 : 15, 20 ; 3 : 6, 13, 17 ; 14 : 19) ; 그리고 그것에 따른 결과-하나님께 영광(2 : 12 ; 4 : 16)과 개인적인 고난(2 : 20 ; 3 : 14~17 ; 4 : 19 ; 5 : 9~10).

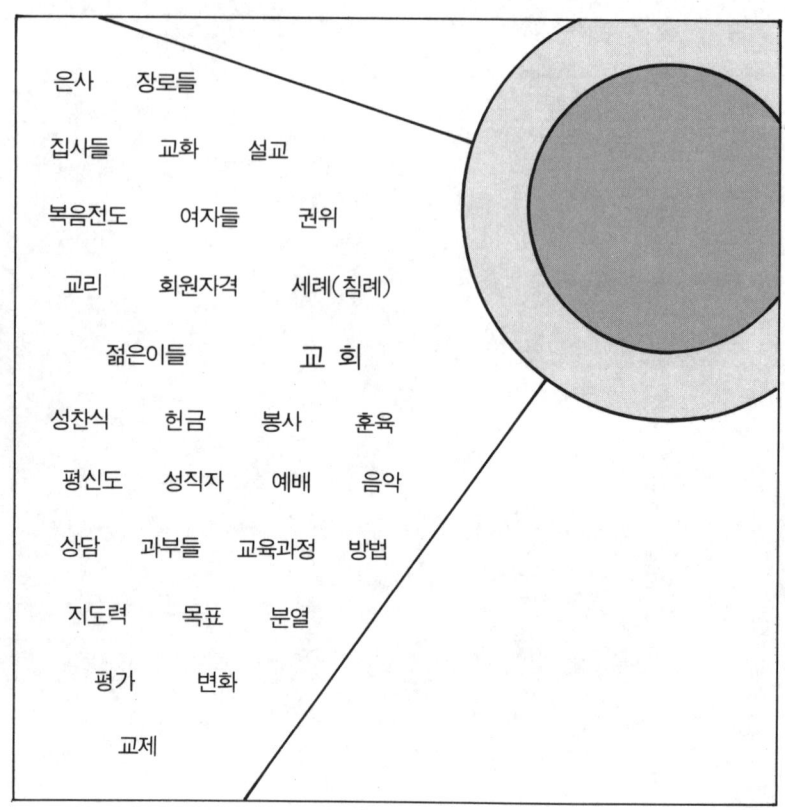

제12장
당신과 교회

의식의 확장

교회는 우리가 다니는 곳, 우리가 사람을 만나는 곳, 후원하는 곳, 그리고 우리가 지체가 되는 그런 곳이다. 이것은 관계나 의무에 있어서 또 하나의 중요한 영역이며, 다른 영역들과 마찬가지로, 이 영역에도 여러 가지 요소들이 많이 포함되어 있다. 앞의 그림이 그것들 중 몇 가지를 보여 준다.

보는 관점

첫째, 교회는 모든 믿는 자에게 또 다른 최상의 우선 순위이다. 성경은 죄를 제외하고는 어떤 것에 대해서도 교회로 하여금 적대시 하지 않도록 했다. 우리는 교회나 가족 중에서 어느 한 가지만을 선택할 수도 없고, 또한 교회 다음의 순위에 직업을 놓을 수도 없다. 신약 성경은 그리스도의 몸 안에서 먼저 당신의 형제 자매를 사랑하고, 그 다음에 남편과 아내를, 그 다음에 자녀들을, 그리고 그 다음에 구원 받지 못한 이웃들을 사랑하라고 가르치지 않는다. 신약 성경은 이 모든 것을 한 사람 한 사람 그리고 전부 다 사랑하라고 가르친다.

정부의 높은 지위에 있는 사람을 위해 기도하는 것 (딤전 2 : 1~2)과 교회의 성도들을 위해 기도하는 것(엡 6 : 18), 그리고 당신 자신의 염려를 위해서 기도하는 것(빌 4:6) 중에서 어느 것이 가장 중요한가? 교회가 과부들을 공경하는 것(딤전 5:3)과 자녀가 그들의 부모를 공경하는 것(엡 6:2) 중에서 어느 것이 더 중요한가? 부모가 그들의 자녀를 집에서 가르치는 것(엡 6:4)이 더 중요한가, 아니면 성도들이 그리스도 안에서 피차 서로에게 가르치는 것(골 3:16)이 더 중요한가? 이 모두는 똑같이 다 중요하고 필요한 의무들이다. 성경은 거기에 어떤 등급을 지어서 평가하지 않는다.

그러나 어떤 사람은, 갈라디아서 6장 10절의 말씀을 인용하면서 우리는 기회 있는대로 모든 사람에게 착한 일을 하되, 특히 믿음의 가정들에게 하라는 가르침을 받지 않았느냐고 따질 것이다. 우리가 믿지 않는 사람들의 필요를 만족시키기 전에 항상 믿는 사람들의 필요를 먼저 만족시켜야 한다는 원리를 주장할 것이다. 그러나, 그렇지 않다. 그 구절은 단순히 우리는 다른 성도들에 대해 특별한 관계를 가지고 있기 때문에, 그들의 필요에 민감하고 그들의 필요를 만족시키도록 행하여야 한다는 것을 강조하고 있을 뿐이다. 또한 여기에서 엄격하고도 율법주의적인 갈라디아인들에게 바울이 예루살렘에 있는 그들의 가난한 형제들을 위해서 재정적으로 무엇인가를 해야 한다는 것을 간접적으로 권고하고 있다는 해석도 가능하다.[1] 그러나 주목해야 할 것은 믿든 믿지 않는 자이든지 모든 사람에게 선을 행하여야 한다는 우선적인 책임에 대해 바울이 아주 분명하게 강조하고 있다는 사실이다. 교회가 믿음의 가정은 아니지만 아주 절박한 필요(예를 들면, 홍수나 화재, 또는 다른 불행한 참사를 당한 희생자들)에 처한 사람들에게 특별히 긴급하게 선을 행하지 않으면 안될 상황들이 분명히 있을 것이다.

둘째, 교회와 교회에서 하는 사역의 각 영역들은 다 중요하다. 우리는 전도가 교육보다 더 중요하다고 할 수 없으며, 세례(침례)식이 성찬식보다 더 중요하다고 할 수도 없고, 화합하는 것이 순수성을 지키는 것보다 더 중요하다고 할 수 없으며 목회자가 평신도보다 더 중요하다고 할 수가 없다. 우리가 그렇게 할 수 없는 이유는 성경이 그와 같이 말하고 있지 않기 때문이다. 성경은 교회 생활 가운데에서 이 모든 영역들 하나하나가 모두 중요하다고 말한다. 이 모든 것들이 지금 당장 당신에게는 중요하지 않을 수도 있고, 이 모든 것들이 지금 이 시간에 당신의 교회에 적절한 것이 아닐 수도 있지만, 교회의 지속적인 생존 속에서 이것들은 결국 다 중요성을 가지게 될 것이다.

 세째, 교회의 영역에 열거된 항목들은 완성된 것이 아니다. 우리는 다른 요소들을 얼마든지 추가할 수가 있다. 예를 들면, 영적 성장, 잘못된 가르침, 선교, 파문, 환영, 교회 규약, 예배식, 교회 조직, 안수, 어린 아이들, 훈육, 여집사들, 건물 등 다른 많은 주제들을 더 포함시킬 수가 있다. 우리는 이들 중에 어떤 한 주제를 더 확대시켜 연구할 수도 있다. 예를 들면, 장로들의 경우 그들의 자격, 의무, 인원수, 제직 기간, 사례금, 선택 방법, 그리고 훈육 등, 여러 가지 요소들을 생각해 볼 수 있다. 교회는 복잡한 조직이면서 동시에 유기적인 조직체이다.

 네째, 신약 성경은 교회에 대한 많은 진리들을 포함하고 있다. 복음서들, 사도행전, 서신서들, 그리고 요한계시록에 보면 수많은 구절들이 지역 교회 속에서 또 지역 교회를 통해서 일어나야만 하는 일들에 대해 언급하고 있다. 나는 그리스도의 몸인 교회가 어떻게 운영되어야 하는지에 대해 우리에게 이렇게 풍부하고도 명백한 정보들을 주신 하나님께 감사를 드린다. 그러나 우리는 또한 그렇게 많은 정보들을 소유하고 있는 데서 일어나기 쉬운 문제점들을 인식하고 있어야 한다. 그것은 마치 맑고도 깊은 호수의 물과 같다. 수영하기는 좋은 장소이지만 쉽게 익사할 위험도 있다. 이것이 의미하는 바를 좀더 구체적으로 살펴보기로 한다.

우선 순위 구조를 조장하는 것

 흥미있고, 유익한 여러 진리들을 취하여 높은 수준으로 동기 부여가

된 사람들의 집단과 섞어 보라. 무엇이 되겠는가? 바로 교회이다. 우리는 그 속에서 순차적인 우선 순위 구조에 대한 가능성을 발견하게 된다. 왜냐하면, 진리와 집단의 사람들을 함께 효과적으로 섞기 위해서 당신은 여러 차례 회의 소집과, 연구, 기도, 계획, 헌금, 그리고 사역이 필요했을 것이다. 이 모든 일들을 진행하기 위해서는 많은 시간이 요구되며, 많은 시간을 사람들에게 요구하기 위해서는 자연히 하나님의 진리의 말씀으로 동기 부여가 잘 된 사람들에게 적용한다. 이 모든 필요한 절차들을 '하나님께 대한 헌신'이라고 이름을 붙이고, 교회가 첫 번째 자리인 최고의 우선 순위로 그 위치를 굳히도록 만든다. 그런 방식으로 몇 달만 진행하다 보면 당신은 교회 외에 다른 의무들에 대해서는 자연히 소홀하게 되고 서서히 그러나 확실하게 당신의 삶은 균형을 잃어버리게 될 것이다. 좋은 일도 너무 지나치면 나쁠 수가 있다. 바로 당신이 맑고, 깨끗하고, 투명한 물 속으로 빠져버릴 수가 있다는 것이다.

그렇다면 여기에 대한 해결책은 무엇인가? 성도 중에 누구라도 교회의 일에 지나치게 열심을 내지 못하도록 금지하는 엄격한 규칙을 세워놓고 그것을 강행해 볼 수도 있다. 어떤 예외도 만들지 말고, 규칙을 어겼을 때는 그 대신에 프로그램을 연기하거나 해제시켜 버리라. 균형된 삶을 사는 것이 교회 활동으로 무리하게 바쁜 것보다 더 중요하기 때문이다. 그렇다고 내가 '한 사람당 한 가지씩만 일하기'의 규칙을 주장하는 것은 결코 아니다. 어떤 사람들은 교회에 투자할 더 많은 시간을 가지고 있다. 예를 들면, 독신들, 미망인들, 정년 퇴직한 사람들, 또는 신체 불구자들 등이 그런 범주에 속한다. 나는 또한 일주일에 한 번씩만 모임을 갖는 것을 옹호하는 것도 아니다. 이것은 단지 기독교인들의 삶에는 교회 외에도 다른 많은 것들이 있다는 것을 상기시켜 주려는 시도일 뿐이다.

참여하는 것을 조금씩 절제하는 것도 해결책의 한 방편이기는 하지만 이 방법은 성도들이 다른 성경적인 의무에 대해서 소홀하지 않도록 도와주지 못할 뿐더러, 또한 그 시간 동안에 성도들이 열심히 다른 의무들을 실천하도록 보장해 주지도 못한다. 그렇다면 여기에 대한 궁극적인 해결책은 무엇인가?

교회는 최고의 우선 순위가 되는 다른 모든 영역들 속에서 교회 성도들이 성경적으로 살아갈 수 있도록 미리 준비시켜 주는 데에 철저하게 헌신되어 있어야 한다.

여기에 대해서 좀더 자세히 살펴보자.

삶을 위해 성도들을 준비시키는 것

교회는 두 가지의 초점으로 볼 수 있다. 그 하나는 내적인 것으로, 성도들이 그리스도의 몸된 교회 안에서 봉사할 수 있도록 준비시켜 주는 것이다. 그러므로 교회는 지도자들, 교사들, 당회장, 당회원들, 안내자들, 성가대원들, 후원자들, 관리자들, 그룹 인도자들, 그리고 그 외에도 다른 봉사를 맡고 있는 사람들을 훈련시킬 필요가 있다. 또한 성경 공부, 교리, 교제, 예배, 세례(침례), 성찬식, 은사, 그리고 다른 구성 요소들에 대한 통찰력도 성도들에게 길러 줄 필요가 있다.

또 하나의 초점은 외적인 것인데, 성도들의 교회 밖에서 이루어지는 삶에 대하여 준비시켜 주고, 각 사람이 자기 자신, 하나님, 가족, 직업, 정부, 그리고 세상의 제도 등과 연관시켜서 성경적으로 살 수 있도록 그들에게 필요한 지혜를 가르쳐 주고 동기 부여를 해 주는 것이다. 교회가 내적인 초점에만 사로잡혀서 영감있는 성가대원들, 신뢰할만한 안내원들, 헌금을 즐겨내는 사람들, 열심으로 예배드리는 신자들을 키우는 일에만 열중할 때, 마찬가지로 똑같이 중요한 외적인 의무들에 대해서는 자연히 관심이 줄어들 수밖에 없다. 교회가 목적 그 자체가 되어서는 안되며 하나님의 영광 외에는 어떤 것도 그 자체가 목적이 되어서는 안된다. 교회는 우리들이 우리 삶의 모든 영역에서 그 목표를 달성하도록 준비시켜 주는 전략적인 역할을 감당해야만 한다.

이것은 교회 내부에서 진행되는 프로그램 가운데 많은 부분들이 교회 밖에서의 성도들의 삶에 직접적으로 연결되어야만 한다는 의미이다. 우리는 젊은 사람들에게 이성 교제와 배우자 선택, 그리고 올바른 성(性)생활에 대해서 가르치고, 그들이 당면할지도 모르는 유혹들에 대비해서 어떻게 대처할 것인지 준비시켜 주고, 또한 결혼과 가족 생활, 인척 관계, 생활비, 그리고 노부모님들에 대해서 설교하며, 독신 생활, 이혼, 그리고 재혼에 대해서도 토론해야 한다. 교회는 성도들이 각 가정에서 성경적으로 자기의 역할을 감당할 수 있도록 준비시켜 주어야 한다.

우리는 청소년들에게 과제물과 동급생의 압력, 성적, 커닝, 인기, 운동, 학교 규칙, 그리고 그 외 교육과 관련된 다른 모든 것들을 성경적인 관점에서 깨우쳐 주어야 한다. 행정가들이나, 교사들, 그리고 운동 코치들이 성도들 중에 있을 수도 있다. 그들 역시 성경적인 통찰력이 필요하다. 교회 지도자들은 교회 성도들이 가지고 있는 각자의 직업에 대한 소명 의식과 필요성에 대해 민감해야 하며, 특히 '목회하는 자신은 하나님의 부르심을 받은 특별한 종이고, 다른 사람들의 직업은 그렇지가 않다고 하는 식으로 이야기하는 얄팍한 이중적 표준은 피하도록 주의해야 한다.[2] 목회자들은 어떤 종류의 이윤이 정당한가 하는 것, 직업의 유동성, 야망, 위험 부담, 그리고 대기업에 종사하는 사람들, 노동 조합, 법을 행사하는 단체, 그리고 직업 군인으로서 근무하고 있는 사람들에게 적절한 문제들을 다루어야 한다. 교회는 성도들이 학교에서 그리고 직장에서 바른 일을 하도록 준비시켜 주는 역할을 해야 한다.

우리는 성도들 자신이 신실한 기독교인이면서 성공적인 정치인이 될 수 있는지에 대해서 고민하고 있는 사람을 도와주어야 하며, 유권자들이 투표하는데 있어서 논쟁점들을 성경적인 관점으로 생각하도록 도와주어야 하고, 공무원들이 타협하라는 압력에 대해 고심하고 있을 때에 도와주어야 한다. 우리가 주일 날 예배 시간에 '우리 위에 높은 지위를 가진 자들'을 위해서 기도할 때, 우리는 겉으로 무엇인가 말하기 전에, 잠시 동안 그들이 누구이며 그들이 필요한 것은 무엇인지 생각해 보아야 하고, 또한 성도들에게 시민으로서의 의무를 상기시켜 주어야 한다.

우리의 교회 구성원들은 세상에서 매일매일 살아가고 있다. 그들은 여러 가지 유혹, 텔리비젼, 도박, 광고, 음란물, 뉴스, 물질주의, 오락, 여흥, 인본주의, 부도덕, 쾌락주의, 염가매출, 영화, 세속주의, 그리고 사단 등 이러한 것들이 우리를 혼란시키고 타락시키려고 하는 모든 다른 것들에 대비하도록 준비를 해야 한다. 그들은 또한 언제 그리고 어떻게 복음을 가지고 세상에 나아가야 하는지 그리고 타락한 환경을 피하기 위해서 어느 때에 세상의 유혹을 물리쳐야 하는지를 알아야 할 필요가 있다. 교회는 성도들에게 어떻게 세상을 다루어야 하는지를, 즉 언제 피하고, 언제 싸워야 하는지를 가르쳐 주고 준비시켜 주어야만 한다.

그것에 대해 생각해 보라

교회가 이런 중요한 영역들 속에서 성도들이 유능하게 그리고 일관성있게 살아갈 수 있도록 어떻게 준비시켜 줄 수 있는가? 먼저 생각하는 것으로 시작해 볼 수 있다. 해리 블레마이어는 우리가 생각하지 않기 때문에 그 결과로써 "생명력이 넘치는 크리스챤의 기본 정신이 우리의 사회적, 정치적인, 또는 문화적인 삶 속에 일관성 있고 인정할 수 있는 영향력을 미치는 데에 효과적인 결실을 맺지 못한다."[3]고 말한다. 더하여 "과거의 기독교 역사와는 정반대로, 나약함과 무기력함의 상태에서 세속적인 경향에 압도되어져 왔다."[4]고 그는 덧붙였다. 교회는 블레마이어가 말하는 '지적 의욕의 완전한 상실'로 인해 진통을 겪고 있다.[5]

왜 그런 결과가 일어났는가? 이유는 두 가지이다. 첫째, 우리는 우리 삶에서의 이러한 영역들로부터 빠져 나왔고, 더우기 그것들로부터 고립되어, 점점 더 거기에 대해서는 생각하지 않게 되었다. 둘째, 우리는 우리의 비판력 있는 사고의 많은 부분을 교회의 내적인 프로그램을 개발하고 유지하는 데에만 사용하고 있다. 그것은 모두 옳고 좋은 일이지만, 우리는 교회 내에서 하는 행사 이외의 것도 생각할 필요가 있다. 우리는 '생각하는 저장소(think tanks)' 즉 하나님의 말씀이 가족, 학교, 일, 정치, 정부, 그리고 세상 제도의 문제들과 어떻게 관련되는지를 조사하고 분명히 이야기할 수 있는 모임을 만들어, 성경적인 일관된 삶의 토대를 형성하기 위해 목회자와 평신도들을 함께 모을 필요가 있다. 이것은 목회자들 집회에서, 평신도의 리트릿에서, 남전도회에서, 여전도회에서, 교회 제직 모임에서, 교회의 당회 모임에서, 가족 단위의 모임에서, 독신자들 모임에서도 되어질 수 있다. 우리는 또한 '밖을 향한 경계(Outward Bound)' 위원회를 만들어 삶의 영역들 중에서 한 가지나 그 이상의 영역을 정하고 성도들에게 그것에 관한 지침을 주는 데에만 전적으로 주력하도록 할 수도 있다. 구성원들은 중요한 책을 읽고 토론할 수도 있고, 아니면 그들의 생각을 자극하기 위해 회중에서나 그 지역사회에서 유능하거나 자료를 제공할 만한 사람들을 초청할 수도 있다.

우리는 이런 일에서 어떤 결과를 얻을 수 있는가? 이미 소수의 사람들이 삶과 연관된 이러한 영역들에 대해 많은 것들을 생각하고 있다. 그들은 '일'에 대한 또는 '시민권'에 대한 성경적인 원리들을 발견해 내기 위해 탐구하고 있다. 우리는 그런 일들을 하는 사람들을 격려하고 그들에게 도움을 받아야만 한다. 우리는 또한 많은 사람들이 세속적이고 인본주의적인 정신에 완전히 빠져들어 가는 것을 본다. 그들을 그곳에서 구출해서 다시 방향을 설정해 주어야 한다. 어떤 사람들은 그들의 결혼 생활과 직장과 정부와 세상에 대해서 깊이 생각하고 싶어하지 않는다. 그런 사람들에게는 온유하면서도 강경하게 권면하여 그들이 사고하는 그리스도인이 되도록 인도해야 한다. 그것이 그럴듯하기 때문이 아니라 성경적이기 때문에 해야 하는 것이다.

그것에 대해 이야기 하라

우리가 이와 같이 훌륭한 생각들을 다 했다면 이제, 무엇을 해야 할 것인가? 다른 사람들에게 그것을 전달하는 것이 그 다음 과제이다. 그것을 위해 우리는 '기독교인의 시민권'이라든가 또는 '하나님이 주신 재능을 발견하기' 등에 관한 몇 개의 주제들을 가지고 선택해서 들을 수 있는 강의들을 개설해 볼 수 있다. 목회자들은, 자연 환경에 대한 기독교인의 태도에 관한 내용이나 또는 믿는 사람으로서 어떤 곳에서 비생산적인 일을 발생시킨 것에 대해 그 잘못을 지적하는 것 등을 내용으로 다루는 일련의 설교를 할 수도 있다. 우리는 직업 선택의 지침, 재정 관리, 성적인 강박 관념에 대한 질적인 상담을 제공할 수도 있고, 또한 교회 도서관에 세상과 정부와 가족과 일, 교회, 그리고 자기 자신에 관계된 서적들을 비치해 놓고 모든 교인이 필수적으로 읽도록 규정할 수도 있다. (아마 필수로 한다는 것은 좀 지나친 일일 수도 있겠다.)

우리는 경험이 풍부하고 나이가 지긋한 분들이 젊은 사람들을 가르치도록 할 수도 있다(딛 2:1~8). 그리고 새로 출석한 사람들이 교회 내에서 할 수 있는 일뿐만 아니라 교회 밖에서 무엇을 하는지에 대한 자료를 모을 수도 있다. 목사님들이 기도할 때, 그 기도 가운데, 병든 사람이나 외국의 선교사들뿐 아니라, 하루 종일 일관된 작업 속에서 반복적이고 싫증나고 일에 빠져 지루함으로 고심하고 있는 노동자들이나, 이번 주에 중대한 결정을 내려야 하는 회사 중역들에 대한 문제도 포함시킬 수 있다. 우리는 목사님 주변에 평신도 그룹을 모아서 목사님의 설교 준비를 도와줄 수도 있다. 목사님은 하나님의 말씀에 전문이지만, 평신도들은 각기 다른 삶의 영역에서 전문가들이기 때문에 서로 도움이 될 수가 있다.

우리는 성경적인 진리를 모든 사람과, 모든 직업, 모든 연령, 모든 사회 경제적 수준, 그리고 모든 성별에 연결시키기 위해 우리의 시각을 재조명해야 한다. 깁스(Gibbs)는 이것에 대해서 "우리 어른들을 위한 기독교 교육은 너무나도 '중간, 중간, 중간' 즉 중년층, 중류 계급, 그리고 중간 정도의 능력을 가진 사람들에게만 치중되어 있다."6)고 평가했다. 거기에 하나 덧붙여서 목회자들이 평신도들에게 가르치는 하나님의 진리도 역시 중간 정도에 해당되는지도 모른다.

  진리를 삶과 연결시키기 위해서 또한 예화의 적용을 위해서 우리는 인간 경험의 호된 시련 속으로 적극적으로 뛰어들어가야 한다. 하나님의 말씀을 학교 교실, 운동 경기장, 실험실, 체육관, 주차된 차 속으로까지 연결시켜 사람들의 마음을 조명하고, 감정을 움직이며, 결정에 대한 동기 부여를 해 주어야 한다. 또한 하나님의 진리들을 상점, 사무실, 가게, 계산대, 배달 트럭, 부엌, 침실, 고속도로, 보트, 스키 리프트, 그리고 보울링장으로 침투 시켜야 한다. 무감동하거나, 좌절되어 있거나, 도전받았거나, 흥분되어 있거나, 행복해 있거나, 몰두해 있거나, 부유하거나, 가난하거나, 마약 중독이 되어 있거나, 또는 적개심이 있는 사람들과도 관계를 맺고 있다는 사실을 늘 염두에 두고서 그들이 하는 말을 들어주고 그들이 지금 어디에 있는지 알아내고, 그리고 그들이 어디에 있을 수 있고 또 어디에 있어야 하는지에 대해 가르쳐 주어야 한다.

  우리는 진리를 삶 속에 투입시키기 위해서 창조적인 방법들을 사용해야만 한다. 예를 들면, 우리는 방금 돌려받은 시험 점수에 대해 이야기하고 있는 두 학생들의 대화를 극화시켜 볼 수도 있고, 실수로 가게에서 더 많이 거슬려 받은 돈을 돌려줄 것인가, 말 것인가에 대해 마음 속으로 망설이고 있는 여인의 내적인 언어들을 외부로 표현해 볼 수도 있다. 또한 사춘기 여학생이 몇 시까지는 집에 꼭 들어와야 한다는 규정에 대해 부모와 말다툼을 하고 있는 모습을 실제로 연기해 볼 수 있으며, 외판원이 자신의 업무 비용을 과장하여 허위로 보고하고 싶은 유혹을 어떻게 처리할 것인지 또한 자신이 아니라도 그런 식으로 속이는 동료 외판원을 윗사람에게 보고를 해야할 것인지 등에 대해서 서로 토론하도록 하는 사례 연구 시간을 계획해 볼 수도 있다. 우리는 또한 사람들로 하여금 그들이 서둘러 어디를 가다가 잠시 수퍼마켓에 들러 식빵 한 개를 사가려고 하는데, 입구 바로 가까이에 있는 장애자 전용 주차장을 발견하고 자신은 장애자가 아님에도 불구하고 차를 주차해도 되는지에 대해 서로 그 입장이 되어 가면서 이 문제를 풀어보는 시간을 가져 볼 수도 있다. 우리는 또한 가정 주부인 헨리에타, 비서 셸리, 대학생 칼, 사업가 브라이스, 정년 퇴직자 랄프 등의 생활 가운데 '어느 하루' 라는 제목으로 그들 각각의 삶을 주제로 슬라이드 상영을 할 수도 있다. 각 장면에서 그 사람들이 겪는 압박과 곤란들에 대해 해설자들을 통해 설명해 주고, 성도들로 하여금 각 상황에 대해 성경적인 반응을 한다면 어떻게 해야 하는지를 결정해 보도록 할 수도 있다.

필립은 "만약 한 마디의 말이 사람의 마음 속에 파고 들어가 열매를 맺으려면, 그 말은 인간의 존경심을 뚫고 들어가, 조용하면서도 효과적으로 그들의 마음 속에서 폭발하는, 아주 교묘하게 묘사된 적절한 말이어야 한다."고 말했다. 우리도 점화선에 불을 붙일 수 있는 그런 방법들을 사용해야 한다.

그것을 행하라.
우리는 하나님의 진리를 교회 밖의 생활 속에 연결시킬 수 있는 방안들을 실천해야 한다. 우리를 변화시킬 수 있는 이러한 진리는 실천을 통해 전달되어지는 것이다. 우리는 교실에서 혼자 깊이 사고해 본 후 질문들을 던지고, 논쟁적인 문제에 대해 그리스도인의 위치를 분명히 밝히며, 비록 상대방이 비열하게 나올지라도 상대방과 같은 방법으로 대응하지 말아야 한다. 또한 비록 해야 할 일들이 많이 남아 있지만, 오후 5시 정각이 되면 하던 일을 마치고 집으로 퇴근하고 (역주 : 미국에서는 회사를 마치는 시간 정각에 대부분의 사람들이 퇴근할 수가 있다. 그리고 이 말은 퇴근 시간이 되면 회사일 보다는 가족과 시간을 보내야 한다는 것을 강조하는 것이다), 집에서 자발적으로 쓰레기통을

비우며, 융단을 청소기로 청소하고, 우리의 생활 수준을 높이기 보다는
헌금하는 기준을 높이고, 신문에서 연재만화만 보지 말고 사설 등에도
관심을 두며, 또한 교회에서 봉사하는 것 만큼이나 중요하다는 것을
알고 있는 다른 기관 즉 학교 등에서도 봉사해야 한다. 또 우리가
신뢰하는 후보자를 위해 선거 운동을 벌이고, 입법부 위원들에게와
텔리비젼 광고 관계자들에게 편지를 보내고, 좋은 음악, 아름다운
예술품 등 우리 주위를 둘러싸고 있는 자연에 대해 감사할 줄 알며
그리고 이 모든 것들을 다 하면서 동시에 교회에 참석해야 한다.
    우리는 또한 서로가 어떤 책임과 의무를 다하도록 돌아 보아야 한다.
예를 들면, 빌은 그가 지난 주에 자신의 상사에게 있었던 불만을 어떻게
해결했는지 탐에게 이야기할 수 있다. 프랜은 다섯 살인 고집장이
아이와 어떻게 지내고 있는지 말사에게 전화할 수 있다. 프래드와
몰리는 다른 사람들과의 대화를 향상시키기 위해 그들의 성장을 위한
모임에서 어떻게 하고 있는지를 서로에게 알릴 수 있다. 허브는 토니가
외설적인 잡지를 읽고 성인 영화를 보고 싶어하는 충동을 어떻게 절
제하고 있는지에 대해서 자유롭게 물어 보고 도와 줄 수 있다. 기독교는
모든 것을 당신 '스스로' '알아서' 하라는 종교가 아니다.

   그런데 잠깐…
  이제까지 이야기한 모든 생각들은 성경에 근거해서 나온 것이다.
디도서 2장 11절~12절에 기록된 바울의 말을 살펴보자.

    모든 사람에게 구원을 주시는 하나님의 은혜가 나타나 우리를
    양육하시되 경건치 않은 것과 이 세상 정욕을 다 버리고
    근신함과 의로움과 경건함으로 이 세상에 살고…

  하나님의 은혜가 우리 안에서 하는 일들을 주목해 보라. 그것은
우리를 구원하시고, 양육하시며, 삶을 회복시키시고, 마음을 새롭게

하신다. 또한 당신을 그 팀(Team)에 소속시켜 넣고 어떻게 경기를 해야하는지를 가르쳐 주신다.

교회는 양육을 할 수 있는 중요한 장소이다. 교회에서의 훈련 프로그램은 이중적인 목적을 가지고 있다. 첫째, 우리는 경건치 않은 것과 세상적인 정욕을 버리도록 배운다. 여기서 '버린다'는 말은 '물리치고 거부하는 것'을 의미한다. 사도행전 3장 13절에서는 '부인하였다'라는 말로 번역이 되어 있다. 이것은 부정 과거 시제로써 의도적이고 확고한 행동의 필연성을 보여 준다. 교회는 성도들에게 경건치 않은 것과 세상적인 정욕을 구성하고 있는 것들이 무엇인가를 가르쳐 주고 그들에게 어떻게 담대하고도 효과적으로 그런 것들을 거부할 수 있는지 가르쳐야만 한다. 거부한다는 것은 죄를 지적하고 그 죄를 포기한다는 뜻이 있다. 교회에는, 이것은 바라는 바이지만 경건치 않는 것과 세상적인 정욕들이 많이 존재하지 않으므로, 죄를 거부하는 의무는 우리 삶 속에서, 그리고 다른 사람들과의 관계 속에서 수행되어 진다. 우리는 적극적으로 죄에 대적해야 하며, 교회에 가만히 앉아만 있어서는 이것을 성취할 수가 없다.

두 번째는 긍정적인 목적이다. 우리는 현 세대에서 근신함과 의로움과 경건함으로 살기 위해서는 훈련되어야 한다. '세대'란 말은 시간적 기간을 의미한다. 그러므로 이것은 영원을 말할 수도 있고, 과거나 미래를 말할 수도 있다. 여기에서는 현재, 바로 지금을 의미하는 것으로 한정되어 있다. 당신의 현재 상황에서, 즉 학생의 신분에서 직장에서, 지지하는 정당의 입장에서, '빨간 신호에서 우회전 금지'라는 표지판이 있는 차량이 드문 교차로에서, 물가가 치솟고 세금이 오르는 때에도, 다음 주에 수술을 받는 상황에서, 핵에 대한 주요 논쟁에서, 지붕이 새는 집에서 등등, 이처럼 당신은 실제의 여러 생활 속에서도 하나님에 대한 믿음으로 살아야 하며, 바로 그런 그리스도인들을 하나님께서는 원하고 계신다. 교회는 그리스도인들을 근신함과 의로움과 경건함으로 살아 가도록 훈련시켜야 한다. 우리가 예수님의 재림을 기다리는 동안(딛 2 : 13) 우리는 훈련되어져야 하며 또한 그러한 삶을 살아야 한다. 교실에서, 그리고 실험실에서 실습하며 경기하며 서로 부벼대며 달리면서도 우리는 옳지 않는 것은 대적하고 옳은 것은 행하여야 한다.

12장 주해

1) 엘렌 콜의 The Epistle of Paul to the Galatians, The Tyndale New Testament Commentaries (Grand Rapids : Wm.B.Eerdmans Publishing Company, 1965), pp.177~179. 콜은 이것에 대하여 갈 2:10 ; 6:6~9, 롬 15:27, 그리고 고후 9:6등 증거가 되는 성경 말씀에 주의를 돌려서 설득력있게 입증하고 있다.
2) 마크 깁스의 Christians With Secular Power (Philadelphia : Fortress Press, 1981), p.8 깁스의 "secular power"에 의하면 세속적인 세상에서 결정된 위치를 중요하게 여기는 사람들과 관련이 있다. 그는 정치계, 회사, 산업체, 노동 조합, 경찰과 군, 그리고 방송계에 소속되어 있는 교회의 성도들에게 교회가 어떻게 가르쳐야 하는지에 대한 통찰력을 제시해 준다.
3) 해리 블레마이어의 The Chistian Mind (Ann Arbor, Mich. : Servant Books, 1963), p.ui.
4) Ibid. p.3.
5) Ibid.
6) 깁스의 Christians With Secular Power. p.54.

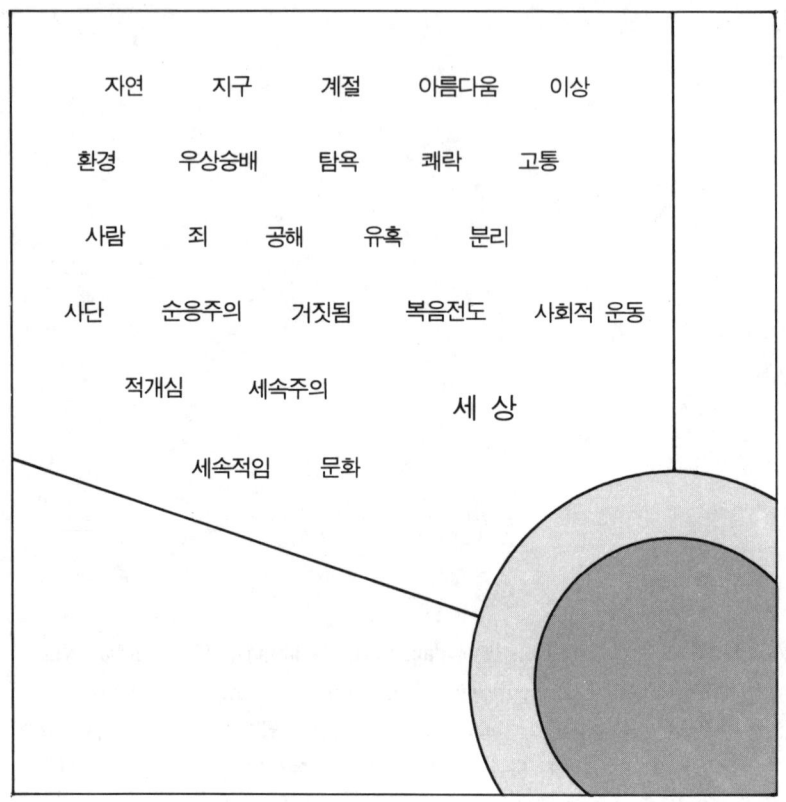

제13장

당신과 세상

의식의 확장
우리의 우선 순위 목록 중에서 가장 마지막에 있는 것이 세상이다. 그렇다고 해서 그것이 가장 덜 중요하다는 것을 의미하지는 않는다. 우리가 이 장에서 의도하는 것은 세상에 대한 성경적인 개념을 더 크고 좋은 관점으로 개발해 내고자 하는 것이다. 앞의 그림에서는 세상에 속한 여러 가지 요소들 중의 몇 가지를 지적해 보았다.

보는 관점
성경에서도 전개되어 있듯이, 세상(world)이라는 말은 다양한 의미를 지니고 있다. 그것은 창조된 자연의 세계를 의미하기도 하며, 그 속에 살고 있는 인간들을 나타내기도 한다. 세상은 복합적이다. 이것이 우리가 가져야 하는 관점의 첫 번째 요소이다.

둘째, 세상은 중요하다. 이것은 교회나 가족과 마찬가지로 똑같이 중요하다. 예를 들면 '마귀의 궤계를 능히 대적하기 위하여(엡 6:11)' 라는 권고는 '오래 참음으로 사랑 가운데서 서로 용납하고(엡 4:2)' 라는 말씀과 똑같이 중요하다는 뜻이다. 베드로의 첫 번째 편지에서 베드로는 정부, 일, 그리고 가족에 대한 그리스도인의 의무에 대해 이야기한 다음에 세상으로 넘어간다. 베드로는 그리스도인들은 적개심 있는 세상에 살고 있기 때문에 그들은 위협당하고, 중상에 빠지고,

모욕을 당하며, 심문당할 것에 대해 늘 준비해야 한다고 말했다. 또한 그리스도인들은 그들의 믿음에 대한 소망에 관하여 이유를 묻는 자들에게 대답할 준비를 해야 할 뿐만 아니라, 그들이 믿음의 굳센 일에 대해 고난을 받을 각오가 되어 있어야만 한다(벧전 2~4). 이 '세상'에 관한 진리들은 정부나 일, 그리고 가족에 대한 진리들보다 덜 중요한 것은 결코 아니다.

베드로가 어떻게 교회와 자기 자신, 그리고 세상을 함께 다루었는지 5장을 주목해 보라. 1절에서 5절까지는 교회 지도자들과 그들을 따르는 자들에게 가르침을 주고 있고, 6절과 7절에서는 믿는 자들 개개인들에게 겸손과 높임, 그리고 염려에 대해서 어떻게 할 바를 이야기하고 있고, 8절과 9절에서는 마귀를 어떻게 대적할 수 있는지에 대해서 가르쳐 주고 있다. 베드로는 여기에서 어떤 우선 순위의 순차도 정하지 않았으며, 모두가 다 동등하게 우리들에게 적용될 수 있는 진리들로 열거해 놓았다. 또한 이 모든 진리들이 어떻게 하나님께 연결되어 있는지도 주목해 보라.

세째, 세상의 영역에 열거된 각 항목들은 각기 다 중요한 것이다. 열거된 항목들을 훑어 볼 때, 이번에는 당신의 삶과 좀더 강하게 일치하는 단어들을 발견했으리라 확신한다. 당신이 대학생이라면 '유혹'이란 단어를 대할 때 '항상 내 곁에 있는 것'이라고 말할지도 모른다.

그렇다고 해서, 유혹이나 사회적 행동, 그리고 적개심이 다른 항목들보다 더 중요함을 의미하지는 않는다. 단지 이것들은 한 사람의 지금 당장의 삶과 더 밀접한 관계가 있음을 의미한 것이다. 이것이 바로 삶 속에 나타나는 유형이다. 인생은 많은 것들을 요리하고 있는 거대한 화덕과도 같은데, 어떤 것들은 항상 앞쪽 화구 위에만 놓여 있다. 또 다른 비유를 든다면, 인생은 골프채가 가득 든 골프 가방과도 같다. 어떤 골프채가 가장 중요한가? 그것은 당신이 지금 어느 위치에서 있는가에 달려있다. 당신이 멀리 있는 호올(hole)을 향해서 공을 칠 때에는, 드라이버(driver)라고 불리우는 길다란 골프채가 가장 중요하며, 당신이 그린(green) 위에 있을 때는 공을 호올에 넣기에 가장 적합한 퍼터(putter)라는 골프채가 필요할 것이다. 만약 공이 호수에 빠졌을 때는, 공이나 침착성이 문제가 되는데, 물에서 건져낼 수 있는 능력이 가장 중요하다. 결국 가방 속에 있는 모든 골프채들이 다 중요하나 그것들 모두가 모든 상황에 다 적합한 것은 아니다. 같은 원리로 세상에 관한 모든 성경적인 진리들이 다 중요하지만, 우리는 그것들을 알아서 우리가 필요할 때 적절하게 사용할 수 있어야 한다.

네째, 세상은 우리가 호흡하는 공기와도 같다. 그것은 어느 곳에나 있다. 그것은 우리의 개인적인 삶, 우리의 가정, 우리의 일, 우리의 정부, 심지어 우리의 교회에 까지도 영향을 미치고 있다. 당신이 집에 있다고 해서 세상과 차단되는 것은 아니며, 당신이 교회에 간다고 해서 세상을 뒤에 남겨두고 떠나는 것이 아니다. 우리의 의무는 세상에 속하지 않으면서도 세상 속에서 살아가는 법을 배우는 것이다(요17 : 14~19).

세상이란 무엇인가?

다음의 그림에 나타나 있듯이 세상은 자연과 사람 그리고 관계 상황으로 구성되어 있다. 여기에서 자연이란 하나님께서 원래 창조하신 모든 것, 즉 하늘과 땅, 어두움, 빛, 해, 달, 별들과 행성을 의미한다. 그것은 창세기 1장, 시편 8장, 19장, 이사야 40장, 그리고 골로새서 1장 16, 17절에 잘 나타나 있다.

여기에서 사람이란 인간을 의미한다. 그것은 남녀노소, 모든 민족과 인종, 모든 종교, 모든 세대를 포함하고 있다. 그것은 하나님께서 창조하신 사람의 세계이며(창 1~2), 하나님께서 사랑하신 사람의 세계이고(요 3 : 6), 예수님께서 위하여 죽으신 사람의 세계(요일 2 : 2)이다.

여기에서 관계 상황이란, 사람들이 서로서로에게 영향을 주고, 또한 자연과 상호 작용을 할 때 발생하게 되는 것을 의미한다. 남녀가 서로 교제할 때 사랑에 빠지게 되고 결혼이라는 결과를 낳게 되며, 한 명의 교사와 학생들이 서로 작용하여 학습이 이루어지고, 개개인의 그룹이 서로 상호작용하여 팀이 구성된다.

사람은 그들끼리 서로 영향을 미칠 뿐만 아니라, 자연과도 상호 작용을 한다. 자연 속에서 발견되는 색채와 디자인이 서로 상호작용이 일어날 때 예술이 탄생하게 된다. 사람들은 나무, 가죽, 찰흙, 금속 그리고 물감 등과 같은 것을 사용해서 예술 작품을 표현하고 만든다. 어떤 사람들은 자연과 법칙과 물질을 상호 작용시킴으로써 과학의 영역에 속하는 것들을 발견해 내며, 또 어떤 사람들은 자연 속에서 질서와 구조를 상호 작용시킴으로써 수학을 만들어 내고, 또 그것의 결과로 컴퓨터도 발명해 내었다. 사람들이 광석들을 연구함으로써 수송기관의 운행이 가능하게 되었고, 또 광물질들을 연구함으로 금속을 생산하게 되었고, 그것으로 건물, 자동차, 보트, 비행기 등을 만들 수가 있게 되었다. 우리는 또한 소리를 조절해서 음악을 만들어 내며, 사람들이 그들 상호 간에 그리고 자연과 오랫동안 상호 작용을 해 오면서, 문화라는 것도 형성하게 되었다.

관계 상황, 우리가 이 용어를 사용한다면, 그것은 단어, 아이디어, 관계, 물건, 태도, 행동, 조직, 제도 등과 같은 것들을 가리킨다. 여기에서 우리가 아직 언급하지 않은 것이 하나 있는데 바로 죄라는 것이다. 자연, 사람, 관계 상황의 세계는 중립적인 것이다. 그렇다면 무엇인가?

세상, 죄, 그리고 사단

세상이 창조되었을 당시에는 자연과 사람의 세계는 '심히 좋았더라(창1:31)'고 불리워졌었다. 그때에는 좋은 사람은 좋은 자연 세계와 함께 일함으로 좋은 것들을 생산해 냈었다. 그 후에 사단과 죄가 그 속에 들어왔고(창 3:1~6), 그것이 사람과 자연 세계에 저주와 부패를 가져왔다(창 3:7~24). 지금 우리는 죄 있는 사람들끼리 서로서로에게 영향을 미치며 살고 있고, 매번 정도를 벗어나고 때때로 호전적이기까지 한 자연 세계와 상호 작용하며 살고 있다. 우리가 생산하는 '관계 상황'이 항상 좋은 것만은 아니다.

자연, 사람, 그리고 관계 상황이 속한 세상은 지금 적군에게 점령되어 있는 영역이다. 사단이 '신(god)'으로, 그리고 이 세상의 지배자로 지명되었으며(고후4:4; 요12:31; 16:11), 결과적으로 온 세상이 막힌 자의 권세 아래에 놓이게 되었다(요일 5:19). 우리의 세상은 지금 사단의 영향으로 인해 깊이 물들어 가고 있고, 더럽고 속이는 궤계가 우리 주위를 둘러싸고 또한 우리 안에서 일하고 있다. 사단은 근본적으로 하나님을 적대시하며 자기 중심적인 사고 방식과 생활 방식을 본받아 살도록 우리를 설득하고 있다.[1]

이렇게 자기 중심적인 인간의 마음 속에, 사단은 탐욕과 우상 숭배의 계교로 파고든다. 성경에 따르면 그 두 가지가 늘 문제시 되어왔으며, 두 가지가 늘 함께 따라다닌다(엡5:5; 3:5; 롬7:7~8; 출20:3~6, 17). 우리가 우상화시키는 것을 우리는 탐내며, 우리가 탐내는 것을 우리는 우상화시킨다.

세상은 우리가 성공 또는 지위라고 부르는 것들을 탐내도록 부추긴다. 그것을 성취하기 위해서 우리는 조금 더 빚을 져야하고, 우리의 아내나 남편을 등한시 해야하며, 어떤 친구들은 따돌려야 하고, 우리의 가치관과 타협해야 한다. 그것이 사단의 제도가 우리에게 영향을 미치는 방법이다. 우리는 새로운 설비, 고급 자동차, 최신 유행, 4.0의 평균 성적, 날씬한 몸매 등을 부러워하고 탐낸다. 이런 것들이 다

본래부터 나쁜 것은 아니지만, 그것들을 우상으로 만들 때 우리는 곤경에 빠지게 되는 것이다.

우리는 새 집들을 우상화하고 그것들을 짓기 위해 나무가 많은 지역의 아름다운 자연을 파괴한다. 우리는 새로운 상품들을 만들어 많은 이윤을 남기는 것을 우상화하여 그것들을 제조하기 위해 의심스러운 광고 수법들을 사용한다. 우리는 사람들을 우상화하고 그들로 하여금 우리의 삶을 관리하고 심지어는 망치도록까지 허락한다.

순진하고 무지한 이교도들은 나무, 산, 강, 돌로 만든 형상이나 깎아 만든 막대기들을 숭배했다. 교양있고, 세련된 이교도들은 자동차, 컴퓨터, 복권, 케이블 텔리비젼, 살을 빼기 위한 다이어트 식품, 외상 거래 등을 숭배한다.

기독교인과 자연

기독교인들은 자연의 세계와 어떻게 연결될 수 있는지를 안다. 우리는 자연 속에 있는 모든 것들이 하나님에 의해서 창조되었고, 그것이 매우 좋았다는 것을 안다(창 1 : 31 ; 행 17 : 24). 우리는 우리의 의무가 거기에 충만하며, 그것을 정복하며 다스려야 하는 것임을 잘 알고 있다 (창 1 : 28). 그러므로 우리는 하나님께서 명하신 청지기로서 생태학, 환경 문제, 초원 연소, 노천 채굴, 배출가스 규제, 재조림, 살충제 토양 부식, 그리고 멸종 위기에 있는 종류들 등에 대해서 관심을 가져야만 한다. 우리는 또한 자연 세계의 미적인 것 즉 색깔, 크기, 모양, 비율, 디자인, 조화, 다양성, 창작성, 좌우 대칭, 균형, 장엄, 경외감 등에 민감해야 한다. 그러므로 기독교인이어야만 자연 세계의 아름다움에 대한 진정한 찬사를 표현할 수 있고, 그것은 기독교인들이 자연을 우상화시키기 때문이 아니라, 그것을 창조하신 창조주를 예배하기 위한 목적에서인 것이다.

그뿐만 아니라, 기독교인들은 자연에는 일관성과 저주에 기인한 변칙성이 있다는 사실을 알아야만 한다. 우리는 지진, 폭풍, 번개,

홍수, 가뭄, 진눈깨비, 그리고 폭설 등이 있다는 것을 알고 있다. 이런 일들이 발생하게 되면 그것들은 세상뿐만 아니라 우리의 삶 속에까지 비극을 가져다 주는데, 우리는 그런 재난들에 대해 분노나 운명론적인 것으로 반응하지 말고 죄의 중대함, 심판의 현실성, 그리고 가장 확실한 것은 아무 것도 우리를 하나님의 사랑에서 끊을 수 없다(롬 8:35~39)는 것을 깊이 묵상하며 믿음을 가지고 대처해 나가야 한다.

기독교인과 사람

"너희가 매주 일요일 오전 11시와 오후 6시에 (역주:아침과 저녁 예배 시간에) 만나면 이로써 모든 사람이 너희가 내 제자인 줄 알리라."[2]

우리는 흔히 이렇게 예수님께서 말씀하신 것처럼 행동한다. 그러나 그것은 사실이 아니다. 예수님께서는 그리스도인들이 서로 사랑하면 세상은 그들이 예수님의 제자라는 메시지를 얻을 것이라고 말씀하셨다 (요 13:35).

구원받지 못한 사람들은 하나님의 선하심을 우리 그리스도인들의 행동 속에서 보려고 한다. 기독교인들은 바로 그 필요를 만족시켜 줄 수 있도록 행하여야 한다(마 5:16; 빌 2:15; 벧전 2:12). 성령님께서 믿지않는 자들을 죄에 대하여, 의에 대하여, 심판에 대하여 책망하실 때에, 믿는 자들의 거룩한 생활 태도는 성령의 하시는 그 일을 도와준다(요 16:8~11). 사람들은 선한 것을 보고 들을 필요가 있다. 그들의 태도와 반응에 관계 없이 우리는 '열심으로 선을 행하여야만 한다(벧전 3:13)'. 그러나 이것은 세상과 너무나 동떨어진 상태로는 올바로 성취될 수가 없다. 우리는 '어그러지고 거스리는 세대 가운데서 흠 없는(빌 2:15)' 자녀가 되어야만 한다.

구원받지 못한 사람들은 예수님을 발견해야 할 필요가 있는 사람들이다. 우리는 하나님의 사신이며, 화해의 말씀을 전달하는 자이다(고 5:8~21). 이것을 행하기 위해서 우리는 사람들과 기꺼이 가깝게 대해야 하며, 너무 가깝고 너무나 관심을 끌기 때문에 그들이 우리가 대답할 준비가 되어 있는 질문들(골 4 : 5~6 ; 벧전 3 : 15)을 우리에게 하도록 해야 한다. 하나님이 이 세상의 사람들을 사랑하셨으므로 우리도 그렇게 해야만 한다(요 3 : 16).

그러나 믿지 않는 사람들과 개인적인 관계를 맺을 때 우리는 상호간의 팽팽한 줄 위로 조심스럽게 걸어야 한다. 우리가 그들에게 전도하는 동안 그들과 함께 얽혀져 동화되어 버리지 않도록 분명하게 방향을 조정해야 한다. 우리는 믿지 않는 자와 '불공평하게 멍에를 같이 하거나', '열매 없는 어두움의 일에 참여하지' 말아야 한다(고후 6 : 16~18 ; 엡 5 : 7~11). '멍에'는 결혼이나 사업상의 제휴 등과 같이 동등하게 동여맬 수 있을 때만이 가능하다. 믿는 자가 믿지 않는 자와 멍에를 같이 했을 때, 그들의 서로 다른 가치관과 목표들은 충돌과 타협을 조장할 것이다. 여기에 대한 하나님의 충고는 "그와 같이 행하지 말라!"는 것이다. 우리가 목표로 하는 것은 타협이 없는 대화나 고립이 아니라 분리인 것이다.

기독교인과 관계 상황

여기서 '관계 상황'이라는 말은 잡동사니를 넣어두는 서랍 속의 물건들이 아니라는 사실을 기억하라. 이 용어는 사람들이 그들 사이에서, 그리고 자연의 세계와 상호 작용할 때 생기는 모든 것을 가리킨다. 예를 들면 상호 관계, 생산품, 조직, 아이디어 등이 거기에 속한다. 이런 것들을 향한 기독교인의 태도는 어떠해야 하겠는가? 간단하게 '세상이나 세상에 있는 것들을 사랑치 말라'고 대답할 수도 있을 것이다(요일 2 : 15). 이것이 요약적으로 전체를 다 대변하는 것 같다. 그렇지 않다면 어떠한가? 잠시 동안 '관계 상황'에 대한 성경적인 원리들을 살펴보자.

'하나님이 지은 모든 것이 선하매' 이것은 바울이 디모데에게 말한 것이다. 그리고 그는 사람들이 서로 간에 그리고 자연과 상호 작용함으로써 생긴 것들인 결혼과 음식을 예로 들면서 그의 요점을 설명했다(딤전 4:1~5). 뒤에 가서 바울은 디모데에게, 이와 똑같은 하나님께서 '우리에게 모든 것을 후히 주사 누리게 하신다(딤전 6:17)'는 것을 상기시켜 주면서 재물에 대해 이야기하고 있다. 성경의 교리들을 자세히 연구해 보면 재물과 결혼, 그리고 음식, 이 모든 것은 누리기에 순전하고, 깨끗하며, 정당하고, 또한 이것이 다 하나님께로부터 왔다는 것을 발견하게 된다. 아무 것도 그 자체가 깨끗하지 않은 것은 없다. 여기에는 우상과 같은 것도 결과적으로는 존재하지 않는다.[3)]

빛 가운데서 '관계 상황'을 올바로 보기 위해서는 성령과 말씀으로 새롭게 된 마음이 요구되며, 기독교인들은 그러한 사고 방식을 발전시켜 나가야 한다(롬 12:2; 8:5~6). 우리는 '관계 상황'과 관련있는 죄있는 태도와 행동들을 여과기를 통해 걸러서 버려야 한다. 이렇게 정련되고, 교정된 상태에서만이 우리는 관계 상황들을 좋은 것으로 볼 수 있고, 그것들을 즐길 수 있으며, 하나님의 영광을 위해서 그것들을 사용할 수가 있다. 우리는 좋은 음악을 감상할 수도 있고, 편안한 가구를 즐길 수도 있으며, 최근의 기술을 우리 생활 속에 도입해서 살 수도 있고, 열심히 취미생활을 추구할 수도 있으며, 교육을 받을 수도 있고, 등산을 할 수도 있고, 사냥을 할 수도 있으며, 낚시, 투자, 대화, 여행, 공부, 기부, 계획 등을 할 수가 있다. 솔로몬이 현명하게 말한 것처럼 그런 것들은 모두 궁극적으로 하나님의 손에서부터 온 선물이기 때문이다(전 2:24~25, 5:18~20). 하나님께서는 '너희가 먹든지 마시든지 무엇을 하든지 다 하나님의 영광을 위하여 하라(고전 10:31)'고 말씀하셨다. '모두'라는 말이 우리가 무엇을 하든지 옳은 것을 하도록 경계시킬 뿐만 아니라 또한 하나님께 영광을 돌릴 새로운 '것들'을 발견하도록 우리에게 도전을 준다.

그러나 기독교인들이 매우 조심해야 할 것이 있다. 로버트 프로스트(Robert Frost)는 "어떤 것들이 안장 위에 앉아 인간을 타고 있다."라는 표현을 썼는데, 바로 사단은 그가 할 수 있는 대로 힘을 주어 인간 위에 앉혀 있는 안장을 꽉 잡아 당기고 있다. 그렇기 때문에 우리는 창조주보다는 창조물을 숭배하도록 유혹당하고(롬 1:25), 하나님 아버지를 사랑하기보다는 세상의 것들을 갈망하고(요일 2:15~17), 돈을 너무나 사랑하기 때문에 그것이 조금만 있어도 우리의 자아가 우쭐해 지고, 그것을 우리의 우선적인 안전의 은신처로 삼아 버린다 (딤전 6:10, 17). 우리는 하나님께 간음하는 것과, 우리의 하나님을 향한 태도가 바뀌는 것과, 세상과 벗이 되는 일에 주의해야만 한다(약 4:4). 우리는 또한, 분노하지 않도록 우리 자신을 경계시켜야 하는데, 분노를 밖으로 표출했을 때, 바로 우리는 마귀가 우리 안에 그의 발을 들여놓도록 우리 스스로 허락하는 것이다(엡 4:26~27).

세상은 쳇바퀴와도 같고, 우리는 그 위에 있다. 우리가 의식적으로 계속 앞으로 가지 않으면 금방 뒤로 휩쓸려져 버린다. 사단은 체바퀴를 점점 높이 들어 올려서 우리가 성령 안에서 돌아가는 것을 점점 어렵게 만들고, 육신에 속한 일들은 점점 쉽게 만들어 버린다. 때때로 우리는 쳇바퀴에서 벗어나 어디론가 숨어서 동면하기를 원하지만, 그것은 선택의 여지가 있는 것이 아니다. 우리는 바로 여기에 있지 우주 밖에 있는 것이 아니다. 이것은 우리가 어떤 존재라는 이야기이다. 우리에게는 충분한 자원들도 있다. 하나님께서 우리에게 주신 공격과 방어의 무기를 가지고 마귀의 궤계를 대적하여 견고하게 서야만 한다(엡 6:10~20). 그러므로 하나님의 지혜와 능력으로 우리는 '관계 상황들'을 능히 다스릴 수도 있고, 그렇기 때문에 우리는 관계 상황의 세계에 대한 가능성을 조사하고, 발견하고, 사용하며, 그러면서도 그것들 때문에 함정에 빠지는 것이 아니라 오히려 즐길 수가 있다. 동시에 우리는 이 세상을 따라야 한다는 압박으로부터 자유하며, 세상에 있는 죄를 폭로할 수 있는 것이다. 왜냐하면 '너희 안에 계신 이가 세상에 있는 이보다 크심'이기 때문이다(요일 4:4).

그런데 잠깐…

순차적으로 우선 순위 목록에서는 왜 세상이나 사단에 대해서는 전혀 언급하지 않았는가? 왜냐하면 그 목록에서는 긍정적인 것에 강조를 두고 있기 때문이다. 만약 그 목록이 더 완벽해지려면, 그 속에는 우리가 피해야 하고, 하지 말아야 할 것들과의 관계에 대해서도 포함시켜야 한다. 그런 부정적인 항목들 중에서 가장 우선 순위를 차지하는 것은 무엇인가? 육신인가? 세상인가? 사단, 살인, 우상 숭배인가?

나는 여기에 대해서 더 이상 논평하지 않겠다. 당신은 이미 나의 요지를 알고 있다. 부정적인 항목들에 대한 순차적인 우선 순위 목록들 역시 이 책의 앞 장에서 다룬 긍정적인 우선 순위 목록들과 마찬가지로 모순투성이일 뿐이다.

13장 주해

1) 더러운 것 - 베드로후서 1 : 4 ; 2 : 20 ; 야고보서 1 : 27 : 속이는 것 - 고린도후서 11 : 14~15 ; 요한계시록 12 : 9 궤계 - 에베소서 6 : 11 : 본받는 것 - 로마서 12 : 2. 여기에 적절한 다른 구절들로는 베드로전서 5 : 8 ; 에베소서 1 : 1~3 ; 6 : 12, 16 ; 이사야 14 : 12~14등이 있다.
2) Joseph C. Aldrich, Life-Style Evanglism(Portland, Ore. : Multnomah Press, 1981), p.36
3) "관계 상황들"에 대한 좀더 분명한 관점은 디도서 1 : 15, 로마서 14 : 14, 20, 고린도전서 6 : 12 ; 8 : 4, 6에 나와 있다.

제14장

문제점들

여러 우선 순위들, 똑같이 중요한 여러 성경적인 관계들, 최고의 헌신들, 여기에서 야기되는 전체적인 문제점들 중의 몇 가지를 살펴보자.

시간

우리의 영역을 시간의 경계선으로 둥글게 표시해 보자. 가장 외부의 원이 성경적인 의무들을 수행하기 위해 주어진 시간을 나타내고 있다. 그림에 있는 원 내부의 분할된 크기는 모두 다 같은 크기이다. 우리는 각각 하루에 24시간, 일 주일에 7일, 일 년에 52주를 가지고 있다. 시간은 탄력성이 있는 것이 아니다. 우리는 하루를 24시간보다 더 어떤 것으로 늘려서 살 수는 없다.

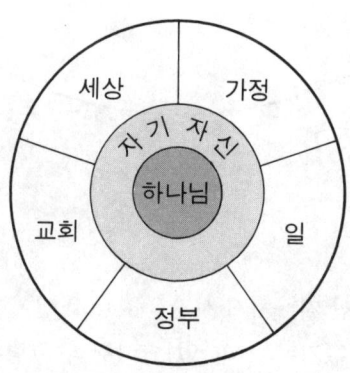

그러나 또 어떤 의미에서 시간은 탄력성이 있다. 일에만 많은 시간을 쏟고 가족들에게는 적은 시간을 할애하는 사람에게 어떤 일이 일어나는가를 보라.

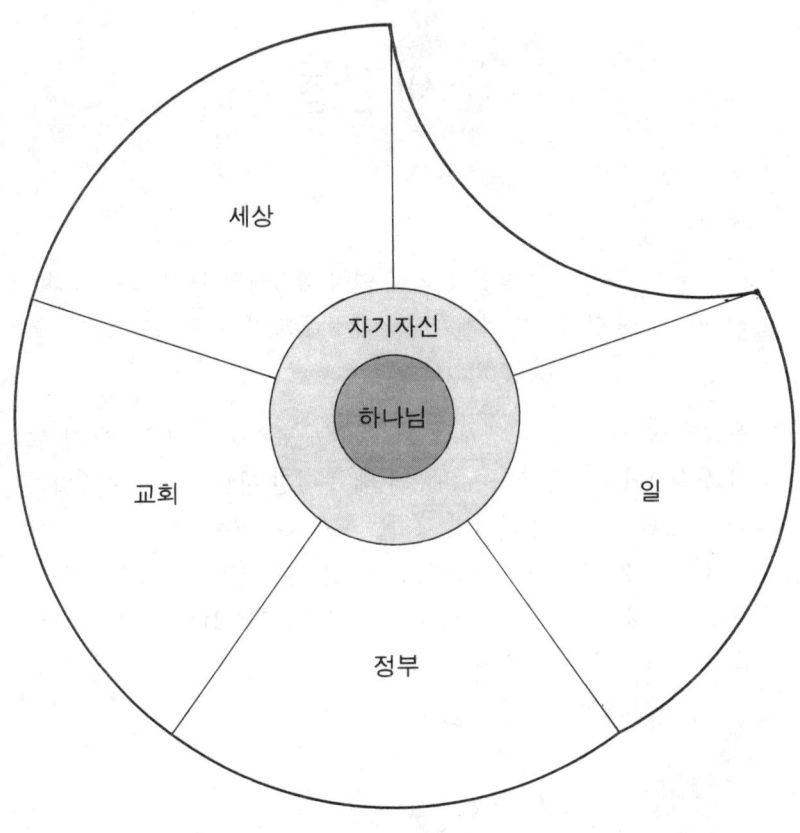

또는 교회활동에만 지나치게 시간을 보내고 믿지 않는 사람들과 보낼 시간은 조금 밖에 없거나 거의 없는 사람의 그림은 어떠한가?

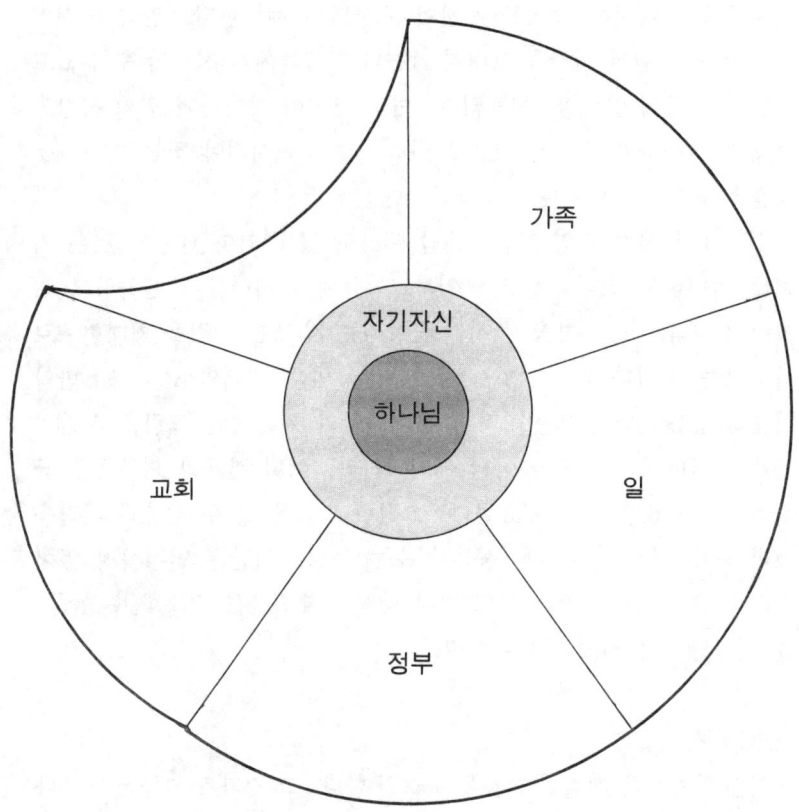

우리는 한 영역에만 너무나 치중함으로 인하여 나머지 다른 영역들을 무시해 버릴 수가 있다. 이런 사람의 삶은 마치 부풀어 올라서 곧 터지려고 하는 낡은 타이어와 같다. 그것이 터지기 훨씬 전부터 이미 그 사람의 삶은 어려움을 겪고 있다.

요점은 분명하다. 당신이 삶의 한 영역에만 많은 시간을 치중해서 투자할 때 당신은 그만큼의 시간을 다른 영역들에서 줄여야 하고 그렇게 되면 당신의 삶은 곧 균형을 잃게 된다. 왜냐하면 모든 성경적인 의무들을 수행하는 데에는 시간이 요구되기 때문이다. 만약 당신이 믿지 않는 사람과 시간을 보내지 않는다면 그들에게 전도할 수가 없고 그들을 주님께 인도할 수도 없다. 만약 당신이 자녀들과 함께 시간을 보내지 않는다면 당신은 그들을 양육하고 훈련시켜야 하는 의무들을 소홀히 하는 것이 된다.

성경에서 시간은 연대적인 개념 이상의 것을 의미한다. 그것은 기회를 의미하고 있다. 성경은 기독교인들에게 지혜롭게 행하라고 권고하며 그렇게 하는 방법은 시간을 살리는 것 또는 시간을 최대한으로 사용하는 것이다(엡 5:15~17). 시간은 익은 열매와도 같다. 만약 사용하지 않는다면 잃어버리게 된다. 앞의 기본적인 그림은 시간의 관계를 나타내는 도표가 아님을 기억하라. 어떤 관계와 의무들은 규칙적이고도 많은 시간을 요한다. 그러한 것들을 할 수 있도록 시간을 계획하라. 당신이 시간을 정복할 수는 없다. 시간은 인정사정 없이 똑딱거리며 흘러가 버린다. 그러나 당신은 계획표를 정복할 수 있다. 그것은 당신이 시키는대로 한다.

과잉 참여

어떤 사람들은 거절하는 것을 두려워 한다. 그 결과로 그들은 너무나 많은 관계들과 의무들을 택한다. 너무 많은 과목들을 신청하고, 너무 많은 직업들을 가지고 있고, 너무 많은 일들에 자원하고, 너무 많은 약속들을 만들고, 너무 많은 곳에서 봉사하고, 너무 많은 친구들을 사귄다. 그들은 단번에 그들 스스로 모든 사람들에게 모든 것이 되려고 하며 무엇이든지 지칠 정도로 해야만 제대로 헌신을 한 것으로 생각한다. 그들은 결국 어떤 것들은 잘하고 어떤 것들은 제대로 해내지 못하고 만다.

당신에게도 많은 요청이 쇄도하고 있는가? 거절하는 법을 배우라. 이미 과잉으로 참여하고 있는가? 일을 줄이도록 하라. 처리해야 하는 어떤 일들이 또 생겼는가? 다른 사람에게 위임하라. 그것이 바로 초대 교회의 지도자들이 했던 방법이다. 과부들은 음식이 필요했고, 회중은 하나님의 말씀을 배우는 것이 필요했다. 지도자들은 두 가지를 다 하려는 유혹을 거부하고 단호하게 결단한 후 다른 사람들에게 일을 위임했다(행 6:1~6).

> 오늘도 아무 생각없이 이렇게 대답한다.
> '예, 예, 예.'
> 수지에게, 조에게, 피트에게 서두르라고 재촉하며
> 목표달성을 위해 초조한 마음으로 달려간다.
> 격변하는 현실 앞에
> 우리의 삶은 늘 긴장되고 있고
> 너무나 바쁜 까닭에 항상 마무리가 없다.
> 우리 영혼의 평정을 위해 무엇보다 필요한 것은
> 오직 단 한 마디의 말
> '안돼요'
>
> (작자미상)

너무 많은 일들에 관여하고 있는가? 당신은 인간을 기쁘게 하려는 것이든지, 혹은 하나님의 일을 하려는 것이든지, 아니면 두 가지 모두를 다 하려는 것이다.

비능률

문제는 과잉 참여에만 있는 것이 아니다. 많은 경우에 있어서 문제가 되는 또 다른 것은 자제력의 부족이다. 시간을 지혜롭게 사용한다는 것은 능률적이란 뜻을 함축하고 있다. 그러나 우리는 주로 적당한 것에 만족해 버리는 습성이 있다. 우리는 쉽게 산만해지며, 단순한 것을 복잡하게 만들고, 많은 경우에 우리의 노력은 임의로 되는 대로 사용하며, 계획 없이 일어나는 일들이 우리를 지배하도록 허용하고, 사소한 일들에 열중하며 하루를 그럭저럭 보낸다. 우리가 예정한 시간은 항상 빗나간다("물론, 이 정도는 한 시간이면 다 처리되겠지."). 우리의 외출은 항상 계획성이 없다("아참, 집에 다시 가서 빈 우유병들을 가져와야 되겠는데."). 긍정적으로 이야기하면 유동성이 있고, 부정적으로 표현하면 비능률적이다.

우리는 세월을 아끼는 문제에 대해 심각하고도 실제적이어야 한다. 타자를 치는 법도 배우고 속독도 배우라. 주머니 속에 넣을 조그마한 계산기도 하나 장만하고, 워드 프로세서나 컴퓨터를 마련하는 데 돈을 투자하라. 여러 시간 또는 여러 날 동안 이럭저럭 해 내려고 노력하지 말고 전문가를 고용하라. 시장에 갈 때에는 미리 계획을 세우고 가라. 전화를 걸기 전에 이야기할 요점을 상세히 준비하라. 계획하는 데에 시간을 좀더 많이 투자하고 그 다음에 그 계획에 맞추어 살려고 자신을 훈련시켜라. 그렇지 않으면 당신은 파킨슨(Parkinson)법칙의 또 하나의 불행한 희생자가 될 것이다. 즉, 일은 그 분량에 관계없이 당신이 들이는 시간 만큼을 결국은 다 소모시켜 버릴 것이다. 그러나 당신은 시간, 운동, 속도, 중복, 결합, 그리고 능률에 적합한 많은 다른 것들에 좀더 주의 깊게 관심을 둠으로써 그런 경향을 극복할 수가 있다.

바울 시대에서조차도, 그는 능률적인 삶의 양식에 관심을 갖고 있었다. 그는 달리기 경주를 하는 사람처럼 구체적인 목표를 정해놓고 살았다. 또한 그는 싸움 경기를 하는 사람처럼 살았다. 허공을 힘차게 치는 일을 하지 않음으로 단 한방의 편치도 낭비하지 않으려고 애썼다 (고전 9 : 24~27). 성경은 빈둥거리며 게으름 피우는 것을 비난하고, 질서와 조직적인 것을 권하며, 분별력있고 절제된 삶의 방식을 권고한다. 우리 각자는 수많은 성경적인 의무들을 가지고 있다.[1] 이러한 성경적인 의무들이 제때에 제대로 잘 실행되지 않은 상태로 남겨졌을 때에 여기에는 한 가지 기본적인 주된 이유가 있는데 그것은 바로 불성실함이다.

방해

어떤 학생이 내 사무실 문으로 고개를 들이밀고 "교수님, 잠깐 시간 있으세요?"라고 물었다. 실제로 나는 지금 시간이 없다. 30분 후에 시작되는 강의 준비를 위해 자료들을 정리하는 중이다. 그러나 그 학생도 몹시 초조한 표정을 하고 있었다. 어느 것이 더 중요한가? 지금 당장 상담을 요청하고 있는 근심에 찬 학생이 더 중요한가 아니면 30분 후에 있을 질적인 강의를 기대하는 25명의 학생들이 더 중요한가? 바로 이런 방식으로 삶이 진행된다. 매일매일 기대하지 않았고, 계획되지 않았던 돌발적인 일들이 내 계획들을 방해한다. 그것은 질병이나 사고, 뜻밖의 방문객, 전화, 그리고 편지 등일 수도 있다. 성실성이란 의미는 내가 흔들림 없이 내 계획을 고수한다는 것을 말하는가? 아니면 나의 길을 가로지르는 모든 경우에 즉각적으로 반응해야 한다는 것을 의미하는가?

로마서 8장 28절은 이 문제에 대하여 언급하고 있다. 거기에는, 하나님께서는 모든 것이 합력하여 선을 이루도록 하신다고 기록되어 있다. 긴급한 일들과 방해하는 것들도 바로 이 '모든 것'에 속한다. 우리에게 이런 방해받는 일을 경험하게 하심으로 하나님께서 의도하고 계시는 좋은 목적이란 대체 무엇인가? 적어도 두 가지를 생각해 볼 수 있다. 첫째, 하나님께서는 우리가 이미 정해 놓은 계획에 얼마나 충실한가를 시험해 보시려는 목적을 가지고 계실 수 있다. 하나님의 말씀은 우리에게 "확고부동하라."고 하신다. 그 말씀을 하신 하나님께서 우리의 확고부동함을 시험하고 성장시키기 위해서 우리의 길을 막아서는 돌발적인 일을 허락하시는 경우가 있다. 그분은 우리가 '계획을 지키고' 쓸데없는 상황들이 우리의 삶을 다스리지 않도록 하는 지혜를 배우기를 원하신다.

둘째, 하나님께서는 필요를 만족시키기 위해 융통성 있게 대처하는 우리의 능력을 시험해 보시고자 하는 목적을 가지고 계실 수 있다. 서로의 짐을 지는 일은 모든 기독교인이 해야 하는 일들 가운데 하나이다. 우리는 종종 이런 기회들이 우리에게 다가오는 것을 보며,

때로 그것들은 우리의 약점을 건드리곤 한다. 여기에서 우리는 우리의 계획과 갑작스런 필요들 중에서 어느 것이 더 중요한지를 판단해야만 한다. 나는 걱정스런 얼굴로 서 있는 학생의 요구를 더 급하게 처리해야 하는지, 아니면 하고 있던 수업준비를 계속해서 하고 그 학생은 나중에 다시 오도록 할 것인지를 재빨리 결정을 해야 한다. 우리는 단호한 융통성을 개발시켜야 한다.

사적인 삶과 공적인 삶

우리는 우리와 공적인 삶의 영역들에만 관심을 쏟고 사적인 영역들은 슬그머니 뒤로 빠트려 버리는 경향이 있다. 우리는 긍정적인 행동으로 그와 같은 부정적인 태도들을 가려야만 한다.

빌과 바니는 자녀들과 함께 주일 아침, 교회에 도착했다. 그들은 차를 주차하고 손을 나란히 잡은 채 미소를 지으면서 그들의 많은 친구들과 인사하고 교육관을 향해 걸어 간다. 그들은 모두 각기 성경책을 가지고 있고, 모두 행복하고 평화스러워 보이며, 친근하게 보인다. 그들은 주일 공과 시간에 열심히 토론에 참여 했다. 바니는 기도 제목을 나누었고, 빌은 간단하게 자기 개인의 간증을 나누었다. 빌의 가족은 예배당에 함께 앉아 주위에서 일어나는 모든 것에 열중하고 있었다. 예배가 끝나고 친교실에서 교회에 새로 나온 사람들과 인사를 나누고, 톰의 건강에 대해 물어보기도 하며, 목사님을 격려하고, 수요일에 있을 존슨 부인의 수술을 위해 기도하겠다고 약속도 했다. 그들의 공적인 모습은 흠 잡을 데 없이 완벽하다.

그러나 집으로 돌아오는 차 안에서 수지가 투덜대기 시작하고 오빠인 타드와 다투며, 고속도로에서 빌의 차 바로 앞으로 다른 차가 끼여 들었을 때, 그리고 바니가 아침 예배 시간에 특송을 한 사람에 대해서 '평가'를 할 때부터 분위기는 달라지기 시작했다. 그들의 가정에서는 매일 무슨 일이 벌어지고 있는가? 그들이 즐겨보는 TV프로는 어떤 것들인가? 그들이 읽는 잡지들은 어떤 종류인가? 그들은 주일날 교회에 가지고 간 성경책을 한 번이라도 읽고 공부하는가? 사무실에서의 빌에 대한 평판은 주일학교에서의 그에 대한 평판과 일치하는가?

사람들은 외적으로 나타나는 모습만을 본다(삼상 16:7). 우리는 이것을 알고 그것만을 만족시키려고 한다. 그러나 하나님께서는 양면을 다 보신다. 우리 입술의 모든 말(공적으로 나타나는 것)과 우리 마음의 묵상(사적인 영역)이 모두 주님 앞에 열납되어져야 한다(시 19:14). 우리의 공적인 삶과 사적인 삶 모두는 주님의 말씀과 조화를 이루어야 한다.

물질적인 소유들

자동차, 보트, 집, 자전거, 스키 장비, 그리고 스테레오 등과 같은 것들은 우리가 이제까지 익혀왔던 그림 모델에서 어느 영역에 속하는가? 우리는 그것들을 제일 안쪽에 있는 원인 하나님의 자리에 놓을 수가 있지만 그것은 분명히 옳지 않은 것이다. 우리는 또한 다른 영역을 하나 더 만들어서 그것에다가 '물질적인 소유들'이라고 제목을 붙일 수가 있지만 우리는 우리의 의무가 사람들을 사랑하는 것이지 무생물을 사랑하는 것이 아니라는 사실을 알고 있다. 우리의 의무는 음식, 옷,, 은신처 등과 같은 것에 우리의 관심을 두는 것이 아니라 먼저 하나님의 나라와 의를 구하는 것이다(마 6:25~34).[2]

그러므로 우리는 물질적인 소유물들을 하나님, 자기 자신, 그리고 다른 사람들을 사랑해야 하는 우리의 의무를 수행하는 수단으로써 간주하는 것이 가장 최상이다. 집은 가족에게 보호와 안락함을 제공해 주며, 그것은 또한 우리가 다른 성도들과 교제하고 믿지 않는 친구들과 또 친척들과의 관계를 발전시키는데 필요한 장소를 제공해 준다. 우리는 보트를 오락과, 휴양, 그리고 조용히 묵상의 시간을 가질 수 있는 곳으로 사용할 수 있다. 그러나 우리가 매우 조심해야 할 것은 수단이 금방 목적으로 변해 버릴 수 있다는 점이다. 그렇게 되면 우리는 물질적인 것들을 사용한다는 개념을 넘어서 그것들을 숭배하기 시작한다. 우리가 더 크고 더 좋고 더 많은 것들을 원할 때, 우리는 우상숭배의 방향으로 기울어지고 있는 것이다.

개인적인 차이

'당신이 서점에서 나를 당신의 집으로 옮겨다 놓은 이후부터 나는 당신을 가깝게 계속하여 지켜보고 있었다. 당신은 다르다. 다르다고 해서 이상하다는 것이 아니라 다르면서 독특하다. 예를 들면, 당신은 항상 나를 똑같은 장소인 책장 위 뒤쪽에다가 꽂는다. 당신은 또한 매우 조직적이다. 당신은 어떤 문장에서 잠시 멈추었다가 다시 읽고, 그리고 거기에다가 밑줄을 치며 읽는 등 당신 나름대로의 방식이 있다. 당신은 탐구하는 형이고 분석적인 사색가이다. 어느 날 나는 열린 문틈을 통해서 당신이 부엌 하수도관을 고치고 있는 것을 보았다. 고친다기 보다는 고치려고 노력했다는 표현이 적절하겠다. 나도 그것이 당신의 강점이 아니라는 점에 동의한다. 나는 당신의 아내도 관찰해 왔다. 여러 면에서 당신들 두 사람은 서로서로가 너무나 다르다. 그녀는 매우 예술적이면서 현실적이다. 반면에 당신은 운동선수와도 같은 기질이 있으면서도 약간은 이론적이다. 그녀는 사람들을 좋아하고 당신은 책을 사랑한다.'

당신은 다르다. 우리 모두가 그렇다. 우리는 각각 '독특하고 유일한 존재'이다. 이것을 명심하라. 우리가 독특하고 유일한 존재라는 사실은 우리 각자는 기독교인의 삶을 각각 다양하게 살아가고 있음을 뜻한다. 우리 각자는 하나님께서 지정하신 개인의 독특한 차이점에 따라서 우리의 구원을 완성해 나갈 것이다.

개성, 교육, 경험, 영적인 은사, 그리고 본래 타고난 재능들이 다르기 때문에 우리는 각자 어떤 영역에는 더 관심을 갖게 되고 어떤 영역들에는 별로 관심을 갖지 않게 되는 것이다. 우리는 또한 어떤 관계에 대해서는 편안하게 느끼고 또 어떤 의무들에 대해서는 더 유능하게 느껴질 것이다. 당신은 매우 창조적일 수 있으며 그 능력들을 당신의 지역 교회를 위해서 사용할 수가 있다. 뛰어나게 분석적인 사고 능력과 설득 능력을 가지고 있는 당신 친구의 경우에는 그의 능숙함을 정치나 또는 가르치는 직업에 사용할 수 있다.

우리 각자는 유일한 존재이다. 그렇지만 우리 중의 누구도 완벽하게 유능할 수는 없다. 우리 모두는 능력을 가지고 있는 동시에 한계를 가지고 있다. 그러므로 우리는 어떤 것에는 더 관심이 있고 더 능숙할 것이며, 또 어떤 것에는 그렇지 못할 수 있다. 그러나 그것이 우리가 성경적인 의무 중 어떤 영역에 대해서 무관심하거나 무능력한 것에 대한 구실이 될 수는 없다. 우리는 어떤 영역에서는 우수하고 또 다른 어떤 영역에서는 그렇지 않을 것이라는 사실을 염두에 두고 모든 영역에서 성경적인 능력을 개발시키도록 노력할 필요가 있다.

친밀함

우리는 친밀함과 중요성을 동일시 하지 말아야 한다. 우리가 순차적인 우선 순위의 목록들을 계속적으로 원하는 이유 중의 하나가 바로 거기에 있다. 우리는 관계가 친밀하면 할수록 그것이 더 중요하다고 생각한다. 하나님과 우리와의 친밀한 특성 때문에 우리는 우선 순위 목록의 제일 처음에 하나님을 놓게 되며, 지금 현재 각자가 속해 있는 강하고 친밀한 유대 관계 때문에 가족을 두 번째로 적어 넣는다. 우리는 믿지 않는 자들과 너무 가까이 하는 점에 대해 조심해야 한다는 것을 알고 있으므로 목록의 끝 부분에 그들을 적는다. 자기 자신에 대해서 생각해 볼 때 우리는 난처한 입장에 처하게 된다. 왜냐하면 우리 자신을 목록의 처음 부분에 적어 놓고 정말로 우리 자신과 가까이 지내야할지 아니면 거의 끝 부분에 위치를 정하고 우리 자신에 대해서는 관여하지 말아야 할지를 확신할 수가 없기 때문이다. 우리가 친밀함과 중요성을 동일시 하는 경향이 있기 때문에 이런 곤경에 처하게 되는데 그것을 조심해야 한다.

예를 하나 들어 보자. 나의 아내가 우리의 관계에 대해서 나의 의견을 물어볼 때 내가 정직하게 대답해야 하는 것은 중요한 사실이다. 세금을 관할하는 기관(IRS)의 직원이 나의 세금 보고서에 기록된 사업 경비에 대해서 질문할 때 정직하게 대답하는 것도 또한 매우 중요한 것이다. 나와 아내와의 관계가 나와 세금 기관 직원과의 관계보다 더 친밀한가? 그것은 물론이다. 세금 기관 직원과 내가 덜 친밀한 관계에 있다고 해서 내가 그에게 정직해질 필요성이 줄어드는가? 확실하게 말해서 그렇지는 않다. 친밀함의 정도에 관계없이 하나님께서 나에게 정직하라고 말씀하시면 나는 거기에 순종해야만 한다.

친밀함 그 자체는 필요불가결하며 중요하기 때문에 우리와 관련된 모든 관계들 속에서 조화롭게 발전되어져야 한다. 그러나 친밀함이라는 것은 또한 교활한 개념이기 때문에 그것을 필요로 하지 않은 곳에까지도 쉽게 침투하곤 한다. 바로 세상 체계, 거짓 선생들, 그리고 혼외 정사 등과 같은 그러한 관계들이 한 예가 될 수 있다. 반면에 친밀함이 꼭 필요한 곳, 예를 들면 가정이라든가 교회같은 곳에서는 오히려 그것을 발전시켜 나가고 유지시켜 나가는데 있어 더 어려운 경우가 많이 있다.3) 바울은 고린도 교인들에게 믿지 않는 자들과 친밀한 관계를 갖지 않도록(함께 멍에를 같이 하지 않도록) 경고하면서 (고후 6:14), 바로 그 다음 구절에서는 그들에게 바울 자신과는 더 깊은 친밀함을 발전시켜 나가야 한다고 권고하고 있다. 바울은 그들에게 '마음으로 우리를 영접하라 …… 너희로 우리 마음에 있어 함께 죽고 함께 살게 하고자 함이라(고후 7:2~3)'고 요청하고 있다. 사단은 교활하기 때문에 하나님께서 금하시는 곳에서는 친밀감을 조장시키고, 하나님께서 원하시는 곳에서는 친밀감을 방해한다. 기독교인들은 서로 친밀해야 하지만, 또한 친밀함에 대해 주의를 해야 한다.

특별한 강조

우리는 때때로 어떤 특정한 관계들과 의무들을 강조하게 된다. 대부분의 경우에 그것은 현재의 필요 때문인 경우가 많다. 새로운 사업을 시작한 사람의 경우, 시작 단계에서 많은 요구들을 필요로 하기 때문에 거기에 특별한 시간과 노력을 투자해야 한다. 최근에 결혼한 부부의 경우, 그들은 두 사람의 부부 관계에 많은 관심을 쏟아야 한다. 집안에 아기가 태어났다면 그 부모들은 쉴 틈 없이 아기를 돌보는 데에 전력을 기울여야만 한다. 최근에 새로운 직장을 얻은 사람은 당분간은 집에까지 일거리를 가져 갈 필요가 있을지도 모른다. 믿지 않는 친구가 전혀 없는 사람은 전도를 위해 주위의 믿지 않는 사람들을 초대해야 할 것이다. 새로운 지역으로 이사를 간 사람은 이웃을 사귀는 데 특별한 시간을 할애해야 할 것이다. 당신이 새로운 성경 말씀을 배웠다면 당신은 그것을 적용하기 위해 노력할 필요가 있다.

특별한 강조를 필요로 하는 또 다른 이유는 그 이전의 태만 때문이다. 사업상 출장을 다녀온 사람은 그가 의도하지는 않았지만 어쨌든 여행 기간 동안에는 분명히 그의 아내와 아이들에 대해 소홀히 한 셈이다. 그는 며칠 저녁이나 또는 주말 전체를 완전히 가족과 함께 시간을 보냄으로써 다시 가족 관계에 균형을 잡을 필요가 있다. 만약 당신이 말씀을 보고 기도하는 규칙적인 시간을 갖는데 게을리 해 왔다면 자명종 시계를 맞춰 놓고 다시 도전을 해 볼 필요가 있다. 또한 당신이 처리하기를 미루어 왔던 어떤 개인적인 문제들에 대해 양심의 가책을 느낀다면 그것을 처리하기 위해서 특별히 시간을 내야 될 필요가 있다.

그러나 우리가 이 모든 것을 행함에 있어 주의해야 할 점이 있는데, 특별한 강조는 우리가 성경적인 균형을 다시 유지하도록 고안된 것이지 또 다른 방향으로의 불균형이 생기도록 의도된 것이 아니라는 것이다.

그런 경우를 대비해서 '해야 할 일들'과 같은 목록을 작성하는 것이 편리한다. 우리는 그 목록에 그 동안 태만했던 일들이나 또는 긴급성을 요하는 상황들을 적어놓을 수 있다. 그 목록을 '우선 순위 목록'이라고 명명할 수도 있지만 나는 그것을 '의무 목록'이라고 부르고 싶다. 그 이유는 명단에 적혀 있는 항목들은 반드시 처리되어야 하는 것들이기 때문이다. '우선 순위 목록'이라는 용어 자체가 명단의 제일 처음에 적혀 있는 항목이 제일 중요하고 밑으로 내려갈수록 중요성이 덜하다는 인상을 주고 또한 모든 필요한 항목들을 다 적어 넣을 수도 없기 때문에 어쨌든 그 용어의 사용은 피하고 싶다.

어려운 선택

"오늘 저녁 교회에 갈 것인가, 아니면 집에서 숙제를 할 것인가?" "오늘 늦게까지 남아서 일을 할 것인가, 아니면 집에 가서 가족과 식사를 할 것인가?" "나는 더 많은 수입을 얻기 위해 새로운 직장을 구해야 할 것인가, 아니면 가격이 조금 더 싼 다른 아파트로 이사를 해야 할 것인가?" "지금 잠자리에 들어가서 내일을 위해 잠을 푹 잘 것인가, 아니면 찰리에게 전화를 해서 그의 문제들을 들어주는 데 시간을 보내야 할 것인가?" "교회에서 안내를 맡을 것인가, 아니면 내가 지지하는 정당의 선거구역원으로 봉사할 것인가?" "아이들 스포츠 클럽의 코치를 맡는 것이 더 좋을 것인가, 아니면 주일학교 교사로 봉사하는 것이 더 좋을 것인가?" "PTA에서 임원직을 자원해서 맡을 것인가, 아니면 교회 선교부의 일을 맡을 것인가?" "우리집 아이의 축구 경기에 가야할 것인가, 아니면 물건을 팔기 위해 한 명이라도 더 고객을 방문해 볼 것인가?"

만약 당신이 잘 짜여진 순차적 우선 순위 목록을 가지고 있다면, 앞의 결정들이 그렇게 어렵지는 않을 것이다. 명단에 적혀 있는 항목들 중에서 우선 순위가 높은 서열에 따라서만 결정하면 된다. 그러나 만약 당신의 우선 순위 목록들이 이 책의 그림에서 제시된 것처럼 당신 주위를 감싸고 있다면, 그리고 각 항목들 하나하나가 다 하나님께서 우리에게 맡겨 주신 의무라고 믿는다면 당신은 결정을 내릴 때마다 주님의 뜻을 이해하도록 노력하면서 조심스럽게 주어진 상황들에 대처해야 할 것이다(엡 5:17).

그렇다면 과연 어떤 것이 옳은지를 어떻게 결정하는가? 당신은 대부분의 경우에 현재의 필요나 또는 이전의 태만함에 근거해서 결정을 내리곤 한다. 예를 들어 당신이 지금 두 자녀의 학부모로서 한번도 PTA에서 활동해 본적이 없다면 지금이 활동해 볼만한 좋은 시기이다. 그러면 교회 선교부 일은 어떻게 되는가? 그 일은 당신 없이 진행되어져야 하고, 그 대신 당신은 PTA에서 활동하면서 그 속에서 선교에 힘써야 한다. 당신은 당신 자녀들에게 그들이 속해 있는 팀이 출전하는 경기에 응원을 가겠다고 여러 번 약속을 하고도 지키지 못했는가? 당신의 아이는 경기 중 당신이 나타나기를 고대하며 열심히 관중석 쪽으로 눈길을 주고 있을지도 모른다. 다른 일을 다 제쳐 놓고 그 경기에 참석하라. 그러면 물건을 팔지 못하게 되는데 그것은 어떻게 하는가? 다른 사람이 팔도록 하든지, 내일 다시 시도해 보든지, 아니면 포기하라. 지금 중요한 것은 당신의 귀여운 자녀가 축구 경기장에서 당신이 돈으로는 대신해 줄 수 없는 무엇인가를 필요로 하고 있다. 바로 당신 자신의 참석을 원하고 있다. 그 자녀의 필요를 생각하라.

만약 당신이 늘 축구 경기에만 쫓아다니거나 또는 PTA에만 모든 전력을 기울인다면 당신은 분명히 당신의 사업이나 교회를 등한시하게 될 것이다. 여기에서 중요한 것은 바로 균형을 유지하는 것이다. 당신이 늘 똑같은 선택만 되풀이 하고 있을 때, 당신의 삶은 균형을 잃게 된다. 당신이 당신 삶의 균형이 유지되도록 선택을 했을 때 당신은 지혜롭게 사는 것이다. [4] 우리는 우리가 좋아하고 우리에게 기분좋고 즐거운 것 그리고 쉽고 편안한 것을 중심으로 선택하는 경향이 있다. 항상 그런 선택들만을 되풀이 하고 살 때, 좋은 것들을 너무 많이 해도 삶의 균형이 깨지며, 그 결과로 우리 삶은 커다란 문제에 부딪치게 되는 것이다.

그런데 잠깐…
우리가 성숙하게 성장해 갈수록 삶은 더 단순해 진다. 맞는 말인가?

그렇지 않다. 우리가 진리를 더 많이 알고 받아들일수록 우리는 점점 더 우리가 행하여야 할 바와 우리 자신이 변화되어야 한다는 사실을 인식하게 된다. 그 과정 속에서 생기는 것이 무엇인지 알고 있는가? 긴장, 바로 하나님께서 우리에게 부과해 주신 긴장감이 생긴다. 성장하고 있고 순종하는 기독교인들은 늘 이런 종류의 압박을 가지고 살게 될 것이다. 사도 바울도 그런 것을 경험했다. 그는 천국에 대한 진리를 알고 있었고 거기에 가기를 원했다. 그는 동시에 지상에서의 사역에 대한 중요성을 인식하고 있었기 때문에 여기에 머물러 있기를 원했다. 이 모든 통찰력을 통해서 그는 긴장감을 느꼈다. 그가 한 말을 주목해 보자.

> 이는 내게 사는 것이 그리스도니 죽는 것도 유익함이니라. 그러나 만일 육신으로 사는 이것이 내 일의 열매일진대 무엇을 가릴는지 나는 알지 못하노라. 내가 그 두 사이에 끼었으니 떠나서 그리스도와 함께 있을 욕망을 가진 이것이 더욱 좋으나 그러나 내가 육신에 거하는 것이 너희를 위하여 더 유익하리라
>
> (빌 1:21~24)

'그 두 사이에 끼었으니'라는 표현은 바울이 겪고 있는 긴장감을 잘 나타내 주고 있다. 그의 긴장감은 바로 그가 진리의 말씀을 잘 알고 있는데서 연유된 것이다. 그는 또한 그의 동족인 이스라엘 백성들의 잃어버린 영혼의 상태에 대해 분명히 인식하고 있었고, 그것 때문에 그에게는 '큰 근심과 마음에 그치지 않는 고통'이 있었다(롬 9:1~5). 그것이 바로 하나님께서 부과해 주신 벗어날 수 없는 긴장감이다.

기독교인의 삶은 아무 문제가 없거나 아무런 긴장감이 없는 삶이 아니다. 순차적 우선 순위의 목록은 이런 긴장감을 해소해 보려는 용감한 시도이기는 하지만 이제까지 우리가 살펴본 것처럼 그것은

성경적이지도 않고, 실제적이지도 않으며 그렇다고 문제를 해결시켜 주지도 않는다. 그렇다면 해결책은 무엇인가?

해결책의 첫 번째 부분은 불필요한 긴장감을 줄이는 것이다. 불필요한 긴장이란 우리 자신 스스로 만들어낸, 그리고 다른 사람들에 의해 강요된 긴장감을 말한다. 예를 들면 과도한 참여, 비능률, 위선, 그리고 이 장에서 논의되어진 다른 요소들 등에 의해 조장된 긴장감이 바로 그것이다. 우리는 이런 불필요한 긴장감들을 줄이기 위해 과도하게 많은 일들을 하려고 하는 것을 지양하고 일을 좀더 능률적으로 하도록 애쓰며 위선을 피하고 항상 진실해야 한다.

해결책의 두 번째는 긴장감을 가지고 사는 법을 배우는 것이다. 여기에서의 긴장감은 정당하고 성경적이며 하나님께서 우리에게 부과해 주신 것을 의미한다. 내가 예수님을 닮아가기 위해 성장해야 할 필요가 있는 한, 나는 현재의 나와 앞으로 변화될 자신 사이의 과정 속에 존재하는 긴장을 피할 수는 없다. 바울은 빌립보서 3장 12절~16절을 통해 자신의 삶 속에서의 그러한 긴장을 언급하고 있다. 그는 자신이 어느 정도의 성숙도에는 도달했지만 완전히 그리스도와 같이 되지는 못했기 때문에 계속적으로 '좇아가야' 한다는 것을 지적했다. 바울은 디모데에게도 그렇게 할 것을 권고했다.

> 오직 너 하나님의 사람아 이것들을 피하고 의와 경건과
> 믿음과 사랑과 인내와 온유를 좇으며
> (딤전 6:11 ; 딤후 2:22과 비교)

헬라어 성경 본문에 보면 디모데전서의 '좇으며(pursue)'와 빌립보서의 '좇아가노라(press on)'는 똑같은 한 단어이다. 이 단어는 사냥이나 경기 용어로 사용되는 것으로 목표에 도달하려는 강한 욕망을 나타내는 말이다. 바울이 디모데에게 제시한 목표는 의로움, 경건, 믿음, 사랑, 인내, 그리고 온유함이다. 우리가 긴장을 경험하는 또

다른 이유는 우리가 아직 목표에 도달하지 못했기 때문이기도 하지만 또한 그 목표가 한 곳에만 있지 않고 여러 가지 다른 영역들(자신, 가족, 일, 그 외 다른 주요한 영역들) 각각의 맨 끝에 있기 때문이다. 우리는 그 모든 영역들로 달려가야 하고, 그것도 동시에 달려가야 하며, 뿐만 아니라 반드시 승리해야 한다. 그렇기 때문에 우리는 긴장을 경험하는 것이다.

바이올린 악기의 음악이 아름답게 연주되려면 악기의 줄이 적당하게 팽팽해야 하는 것처럼 우리가 성장하려면 우리는 현재의 상태에서 변화될 수 있는 가능성을 향해 팽팽하게 잡아당겨져야 한다. 긴장이 없이는 결코 성장할 수 없기 때문이다.

14장 주해

1) 잠언 6 : 6~11, 고린도전서 14 : 40, 디모데후서 1 : 7, 디도서 2 : 2, 5, 6, 12과 비교해 보라. 성경에서 '건전' '절제'라는 단어들의 사용을 좀더 살펴보면 믿는 자는 희미한 사고방식과 단편적인 삶을 살아서는 안된다는 의미를 강조하고 있다.
2) "먼저 그의 나라와 그의 의를 구하라"(마 6 : 33)는 성경말씀은 우리가 이 책의 4장에서 공부한 마태복음 22 : 34~40에 나타난 개념과도 상통한다. 그의 나라를 구하라는 것은 우리 자신을 하나님의 지배 하에 놓으라는 것이며, 그의 의를 구하라는 것은 우리가 하나님의 규칙에 따라서 살아야 한다는 것을 의미한다. 그렇게 행하는 사람은 우리가 이제까지 전개시켜 왔던 모든 영역들 속에서 성경적으로 사는 것이다.
3) 친밀감이 형성되기 어려운 이유와 어떻게 그것이 발전될 수 있는가 하는 주제에 대해서는 저자가 쓴 또 다른 책에서 다루고 있다. 읽고 공부를 더 하고 싶은 사람은 그랜트 하워드가 쓴 The Trauma of Transparency를 보라(Portland, Oregon : Multnomah Press 1979).
4) 지혜를 얻고 사용하는 방법에 대해서 좀더 포괄적으로 다룬 도서로써는 게리 프리잰(Garry Friesen)이 쓴 Decision Making and the Will of God을 보라(Portland, Oregon : Multnomah Press 1980).

제15장

평형을 찾아서

1루에는 누가?

 전통적인 우선 순위의 목록은 아주 오래 전에 유명했었던 아봇트(Abbott)와 코스텔로(Costello)의 야구에 대한 말장난 만큼이나 혼돈되기 쉬운 것이다. 두 사람의 코메디 속에서 보면 야구의 1루수의 이름은 '누가(Who)'이고, 2루수의 이름은 '무엇(What)'이며, 3루수의 이름은 '나는 모른다(I don't know)'이다. 아봇트는 이것을 간단히 설명하고 있는데 코스텔로는 그것을 질문으로 알고 계속적으로 대답을 함으로 두 사람의 대화가 익살맞으면서도 혼돈스럽게 이어져 나간다.

 순차적 우선 순위의 목록도 그 결과가 이와 비슷하다. 당신이 목록을 어떤 순위로 배열하든간에 관계없이 우선 순위의 순서 자체가 논리적으로 설명되어질 수 없고, 성경적인 진리에 역행되며 어이없는 결론까지 불러일으킨다. 순차적 목록은 기독교인들의 삶을 조직화하고, 단순화시키며, 균형을 유지시킬 수 있도록 만들어졌지만 실제로 배열된 목록대로 살려고 시도해 보고 그것을 이해하려고 노력해 보면 삶이 단편적이 되면서도 동시에 복잡하고 또한 불균형으로 되어있다는 것을 발견하게 될 것이다.

아봇트와 코스텔로는 미국의 코메디언이다.

원에 대한 이론

우리는 다른 접근 방법을 제시했다. 다음의 그림을 사용해서 우리는 믿는 자의 삶 속에 공존하고 있는 관계들과 의무들을 시각화해 보았고 또 그것을 말로 풀이해 보았다.

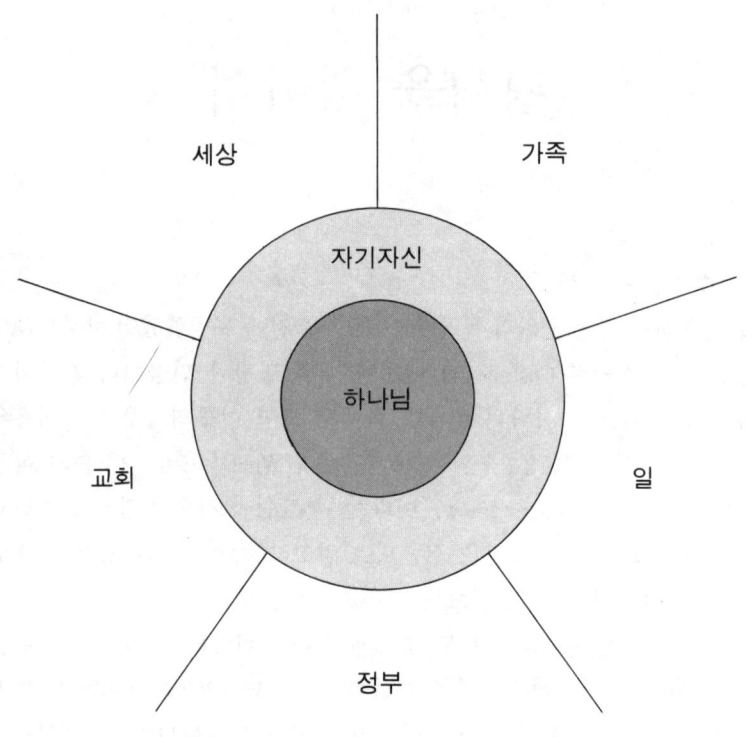

이 그림은 다음과 같은 것들을 나타내도록 고안되었다.
- 하나님께서는 나의 삶의 중심에 계시기를 원하신다. 그러므로 나는 하나님을 아는 것을 나의 최우선 순위로 삼아야 한다. 하나님은 중요한 분이시기 때문이다.

- 하나님께서는 나의 삶에 소중한 분이시기를 원하신다. 그러므로 나는 하나님의 말씀을 나의 인격 전 영역에 적용시키는 것을 최우선 순위로 삼아야 한다. 나는 중요한 존재이기 때문이다.
- 하나님께서는 내 주위를 둘러싸고 있는 관계들 하나하나에 대해 갖고 있는 하나님의 뜻을 알고 행하기를 원하신다. 그러므로 나는 각각의 영역 속에서 나의 의무들에 최선을 다하는 것을 최우선 순위로 삼아야 한다. 그 모든 것들이 다 중요하기 때문이다.
- 이 모든 관계들은 순차적 우선 순위로 존재하기 보다는 동시에 존재하는 의무로써 공존한다.

이 책의 앞에 기술해 온 여러 장을 통해서 우리는 앞의 네 가지의 진술들에 대한 성경적인 근거를 제시하고 또한 각각에 있어서 실제적인 관계들을 자세히 설명했다.

찬성 혹은 반대
  2장에 나오는 찬성과 반대에 대한 질문들을 기억하고 있는가? 우리는 2장에서 그것에 대해 자세히 분석하지 않았다. 나는 거기에 나오는 모든 진술들을 반대하기 때문에 이제까지 발전시켜 온 이론에 근거해서 다시 그 문장들을 수정하고자 한다.
  문장들 중에 몇 개를 고치는 방법 가운데 하나는 '더 중요하다'라는 표현 대신에 '만큼 중요하다'라는 표현을 사용하는 것이다. 예를 들면 3번은 '기독교인이 전도하는 것은 먹는 것 만큼 중요하다.'로 고쳐질 수 있고, 4번은 '가족에 대한 의무는 교회에 대한 의무 만큼 중요하다.'로, 6번은 '성경공부와 기도는 기독교인들이 지켜야 할 가장 중요한 의무들 중 한 부분이다.'로 고쳐서 표현할 수 있다. 8번은 부분적으로만 진리이다. 시간을 적절히 배분하는 것만으로는 충분하지 않고 우리가 주어진 시간 안에서 그것을 어떻게 사용하느냐가 중요하다. 예를 들면 우리는 저녁 시간을 집에서 함께 보낼 수 있지만 그 자체가 중요한 것이 아니라 그 시간을 어떻게 보내느냐가 중요한 것이기 때문에 성경적인 의무를 수행하는 데는 여전히 실패할 수가 있다. 9번의 경우는 어떠한가? 나의 삶에 하나님을 첫째로 놓는다는 것은 자연히 어떤 사람은 마지막에 놓인다는 것을 의미한다. 어떻게 다른 사람을 가장 나중 순위에 놓을 수 있는가? 이 표현보다는 '하나님이 나의 삶의 첫 번째에 위치하고 계실 때 다른 사람들은 그들 각각의 가장 알맞은 위치에 놓여지게 된다. 왜냐하면 내가 그들에게 어떻게 연결되어야 하며 어떻게 반응해야 할지를 알기 때문이다.' 라고 말하는 것이 더 좋을 것이다.

균형

정지 상태로써의 평형 유지가 바로 우리가 원하는 것인가? 모든 일의 상태가 고정되어 있고 차분할 것, 그것은 마치 오목한 사발 속에 던져진 구슬과도 같다. 구슬은 이리저리 구르다가 마침내는 사발의 바닥에 정지하게 된다. 그것이 바로 정지 상태로써의 평형 유지이다. 한번 멈추면 계속 거기에 머무르는 상태이며 다시 움직여 놓으면 재빨리 다시 제자리를 찾아 정지 상태로 안정감있게 되돌아 간다.

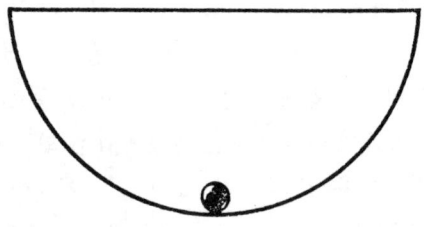

바로 그런 것이 우리가 찾아볼 수 있는 종류의 기독교인의 경험이다.

우리는 정지 상태로써의 평형 유지를 보장해 주는 그런 우선 순위를 발견하기를 원한다. 안정되어 있고 고요하며, 고정되어 있고 차분하며, 적절한 장소에 안착된 그런 우선 순위를 원한다. 그러나 우리가 실제로 삶을 살아가다 보면 앞에 말한 정지 상태의 한 점은 좀처럼 찾기가 힘들다. 신중하게 짜여진 어떤 우선 순위 목록도 안정된 한 점을 발견하는 데 도움을 주지는 못할 것이다. 왜냐하면 우리의 삶은 사발 속에 있는 구슬과는 전혀 다르기 때문이다.

그렇다면 삶은 무엇과 같은가? 사발을 한번 거꾸로 뒤집어 놓아 보라. 그리고 그 꼭대기에 있는 구슬이 굴러 내려가지 않도록 정확한 점을 찾아서 놓으려고 시도해 보라. 삶이란 바로 이런 상태와 같고, 이것을 우리는 '역동적인 상태로서의 평형 유지'라고 부를 수 있다.

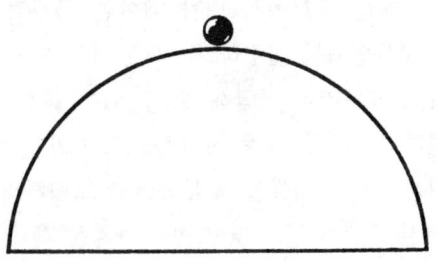

이 그림에서 보면, 중력이 사방에서 구슬을 잡아당기고 있는 것처럼, 우리의 삶 속에서도 여러 가지 다양한 성경적인 관계들과 의무들이 사방에서 우리에게 압력을 가하며 우리를 끌어당긴다. 만약 우리가 각 상황에 알맞게 적절하게 반응을 한다면 우리는 긴장 속에서 꼭대기에 머무를 수가 있다. 그것이 바로 '역동적인 상태로서의 평형유지'라고 부르는 이유이다. 우리가 적절하지 못하게 반응하거나 또는 실패한다면 우리는 곧 균형을 잃어버리게 되고, 한쪽으로 기울어 굴러 떨어지게 된다. 어떤 사람들은 꼭대기 위의 균형점을 쉽게 알 수 있는데 그 이유는 그들이 그 곳을 자주 지나치게 되기 때문이다. 우리가 성숙해 갈수록 우리는 꼭대기 근처에서 더 오래 머물게 될 것이다. 예수님만이 '역동적인 상태로서의 평형유지'를 항상 그리고 완벽하게 지키실 수 있는 분이다.

지침서

사발의 꼭대기에 머무를 수 있는 비결은 무엇인가? 균형있는 삶을 살기 위해서는 어떤 것들이 필요한가? 여기에 몇 가지 지침들이 있다.

• 나에게 있어 현재 성경적으로 중요한 관계들을 인정하라. 누가 현재 나의 삶 속에서 중요하고 전략적인 인물인가를 발견하라. 그들의 이름을 하나하나 기록하는 것도 도움이 될 것이다. 하나님과 나는 항상 그 명단 속에 속해 있다는 사실을 기억하라.

• 이 모든 관계들 각각에서 내가 해야할 구체적이고도 성경적인 의무들이 어떤 것들인가를 결정하라. 내가 지금 순종해야 할 의무들은 어떤 것들이며, 내가 지금 공급해 줄 수 있는 필요들은 어떤 것들이 있는지를 발견하라. 지금 현재 시급하고도 개개인의 필요에 적합한 단순하고도 기본적인 진리들을 발췌하려고 노력하라.

• 짜여진 시간 내에서 현재 맺고 있는 관계들 각각에 대한 성격적인 의무들을 바르고 일관성 있게 수행할 수 있도록 생활 양식을 발전시켜라. 시간표와 생활 양식은 두 가지의 중요한 요소들로써 서로 조화가 필요하다.

• 내게 주어진 모든 일들을 수행하기 위해서는 하나님의 성령, 하나님의 말씀, 그리고 하나님의 사람들이 반드시 필요하다는 것을 명심하라.

그런데 잠깐…

우선 순위라는 주제에 있어서 주요 논쟁점으로는 첫째, 삶에서 어떤 것들이 정말로 중요한 것들인가 하는 것과, 둘째, 어떤 순위로 그것들이 배열되어야 하는가 였다. 첫 번째 질문에 대하여 성경은 분명하게 하나님, 자기 자신, 그리고 다른 중요한 것들(교회, 일, 정부, 세상, 그리고 가족)이 정말로 중요하다는 사실을 지적하고 있다. 우리가 이런 문제들로 멍하니 앉아 있기엔 인생은 너무 복잡하고 세월은 너무나 짧다.

어떤 순위로 그것들이 배열되어야 하는가? 성경에 있어서 순위에 대한 것은 우선적인 촛점이 아니다. 성경은 우리가 어떤 것들을 어떤 순위대로 행하여야 한다고 가르치지 않는다. 우리의 의무는 하나님께서 이런 중요한 영역들 속에서 우리에게 기대하시는 것이 무엇인지를 알고, 또한 하나님의 뜻에 따라 그분의 명령들을 행하고, 그리하여 하나님께 영광을 돌리기 위하여 우리의 삶을 조절해 가는 것이다. 자꾸만 곁길로 빠지지 않도록 주의하라. 관심의 초점은 순위가 아니라 바로 순종인 것이다.

"이 땅에 푸르고 푸른 그리스도의 계절이 오게 하자!"

순(筍)출판사는 주님의 지상명령 성취와 한국 교회를 섬기기 위한 C.C.C.(한국대학생선교회)의 문서사역을 감당하고 있습니다.

크리스챤의 우선순위

ⓒ순출판사 1990

1990년 3월 30일 초판 발행
2003년 4월 15일 초판 8쇄 발행
글쓴이 : 하워드 J. 그랜트
옮긴이 : 김윤희
펴낸이 : 전효심
펴낸곳 : 순(筍)출판사

주소 : 서울시 종로구 부암동 46-1
　　　 서울 중앙우체국 사서함 1042호
전화: 02)394-6934~6, 팩스: 02)394-6937

인터넷:http://www.kccc.org
등록 : ⓡ 제 1-2464호
등록년월일 : 1999.3.15

※잘못 만들어진 책은 바꿔 드립니다.　　값 5,500원
본서의 판권은 순출판사에 있습니다. 저작권 법에 의해 보호를 받는
저작물이므로 무단 전재 및 복제를 금지합니다.

ISBN 89-389-0067-3